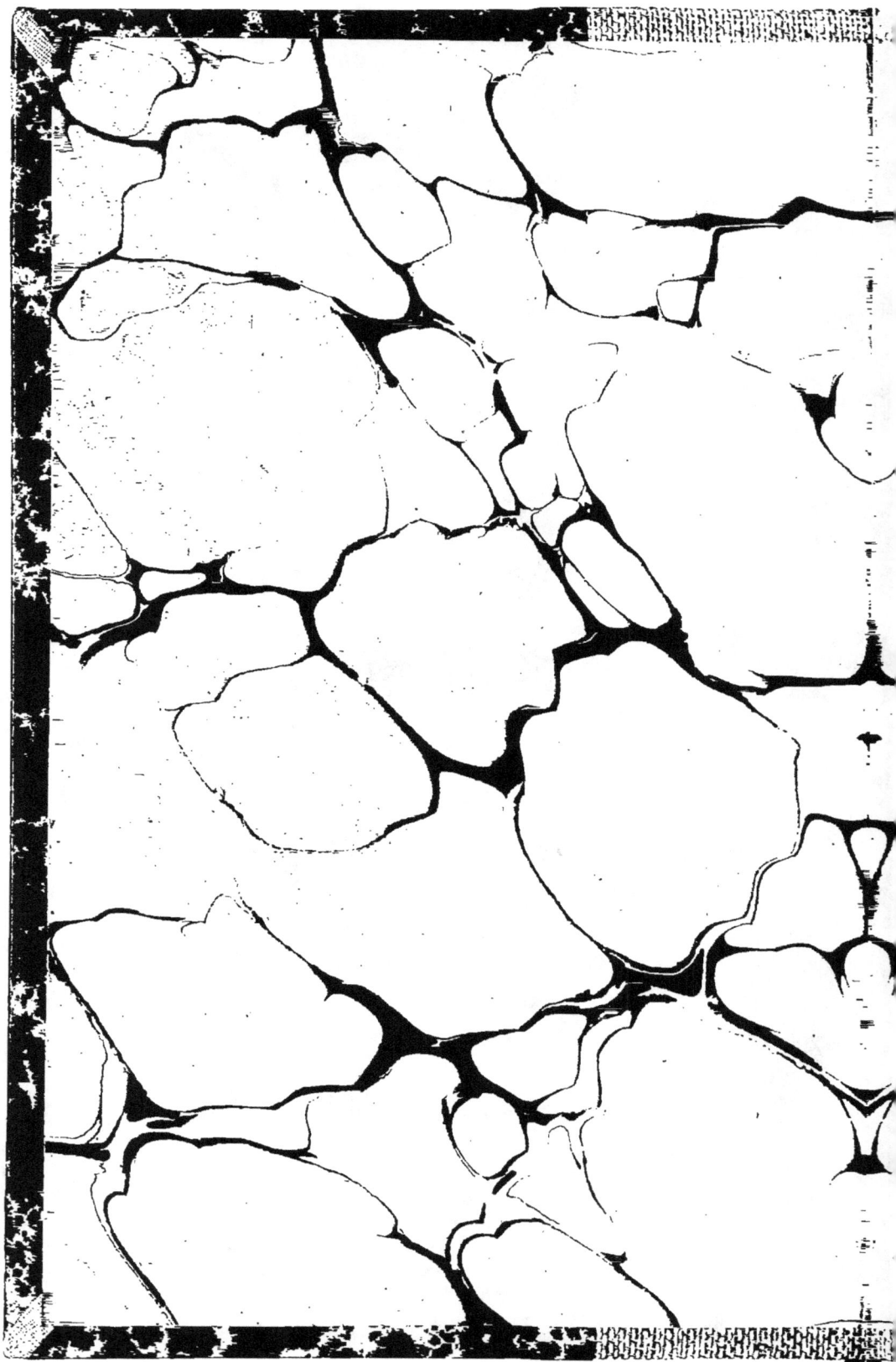

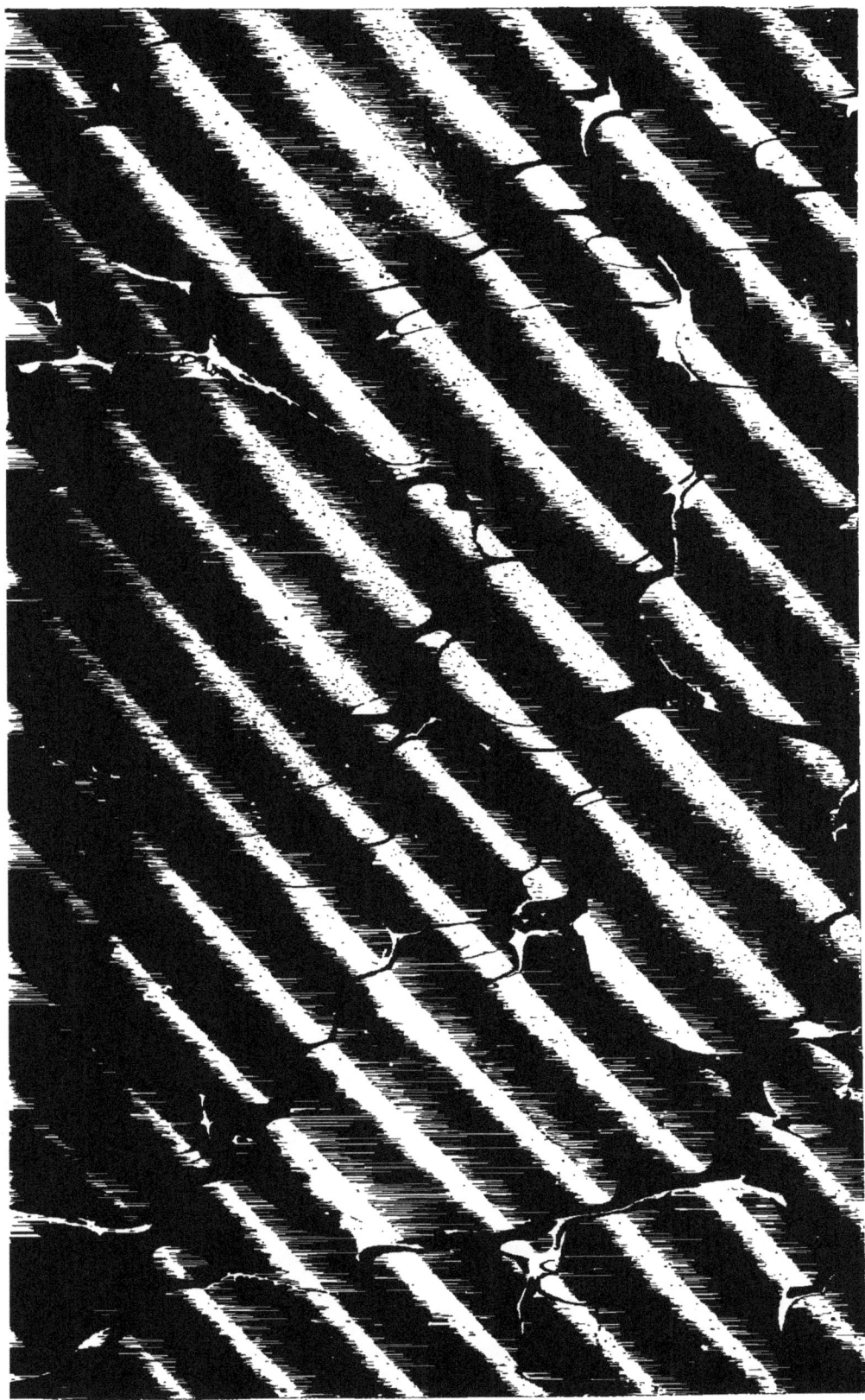

USAGES LOCAUX

EXISTANT

DANS LE DÉPARTEMENT DU TARN

RECUEILLIS

PAR UNE COMMISSION DE MAGISTRATS ET DE JURISCONSULTES

En conformité des circulaires de MM. les Ministres
de la Justice, de l'Intérieur et du Commerce.

> L'usage est tout ce qui se
> pratique d'ordinaire dans un
> pays, par rapport aux diffé-
> rentes affaires qui se traitent
> parmi les hommes.
>
> Le Président BOUHIER.

—••○§○○••—

ALBI

IMPRIMERIE ERNEST DESRUE.

1871

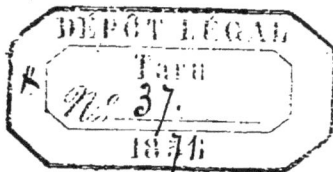

USAGES LOCAUX

EXISTANT

DANS LE DÉPARTEMENT DU TARN

RECUEILLIS

PAR UNE COMMISSION DE MAGISTRATS
ET DE JURISCONSULTES

En conformité des circulaires de MM. les Ministres
de la Justice, de l'Intérieur et du Commerce.

*L'usage est tout ce qui s
pratique d'ordinaire dans un
pays, par rapport aux différentes affaires qui se traitent
parmi les hommes.*

Le Président BOUHIER.

———o⚬⊙⚬o———

ALBI

IMPRIMERIE ERNEST DESRUE.

—

1871

PRÉFACE.

HISTORIQUE, BUT et UTILITÉ

DU RECUEIL DES USAGES LOCAUX.

Par des circulaires pressantes et géminées,
MM. les Ministres de l'Intérieur, de la Justice,
de l'Agriculture et du Commerce ont invité, en
ces derniers temps, les Conseils généraux des
départements à faire recueillir et constater, dans
l'intérêt des services de l'administration et des
tribunaux, les usages locaux auxquels se réfèrent
diverses dispositions législatives. Ces documents
faisaient ressortir de quelle utilité serait dans chaque
département un *recueil* des usages formé avec
soin et revu par toutes les personnes de la localité

les mieux instruites et les plus compétentes : les autorités, les magistrats, aussi bien que les particuliers, y puiseraient journellement des renseignements indispensables; « ils seraient, en outre, » ajoutaient les prescriptions ministérielles, « d'une grande importance pour l'élaboration d'un Code rural depuis longtemps réclamé par les intérêts agricoles du pays. »

Le Gouvernement traçait lui-même les mesures destinées à assurer l'exécution de ses circulaires, en prescrivant la désignation de commissions cantonales chargées de rechercher les usages locaux, et d'une commission centrale ayant pour mission de contrôler les travaux des sous-commissions.

En exécution de ces circulaires, des commissions furent instituées dans chaque canton, lesquelles, présidées par M. le Juge de paix, comprenaient des hommes compétents de la localité, et au chef-lieu du département fut réunie une commission centrale composée de magistrats et de jurisconsultes.

Tel est le résumé des actes officiels qui ont présidé à la réunion des commissions chargées de recueillir les usages existant dans le département du Tarn.

La nature et le but des travaux auxquels ces commissions devaient se livrer leur étaient indiqués en ces termes : « Codifier les nombreux usages

« existant dans les divers cantons, et les porter
« ainsi à la connaissance de ceux qui doivent ou
« en faire l'application, ou s'y conformer. »

L'utilité, pour chaque département, de procéder
au *recueil* des usages locaux ressort, en effet, des
dispositions de la loi par lesquelles le législateur
a prescrit de s'en référer aux *usages*.

Ainsi, le Code civil a disposé que l'usufruit des
bois (art. 590, 591, 593); l'usage des eaux cou-
rantes (644, 645); la hauteur des clôtures dans
les villes et faubourgs (663); les distances entre
les héritages pour les plantations d'arbres (671);
les constructions susceptibles de nuire au voisin
(674); les délais pour les congés et les payements
de locations (1736, 1738, 1735, 1758, 1759);
les réparations locatives (1754, 1755); les obligations des fermiers (1777), etc., etc..., auraient
pour règle la coutume ou les usages locaux. De
même, la loi de 1791, qui régit la police rurale,
renvoie, pour ce qui concerne le glanage, la vaine
pâture, le parcours, à l'usage local; de même
encore, la loi du 14 floréal an XI subordonne aux
usages locaux la direction du curage des canaux
et rivières non navigables et l'entretien des ouvrages
d'art qui y correspondent; il en est de même de
bien d'autres dispositions législatives dont l'énumé-
ration serait trop longue et, d'ailleurs, sans objet.

Les usages locaux servent, en outre, à l'interprétation des contrats, ou à régler les effets des obligations. — Ce qui est ambigu dans les conventions s'interprète par ce qui est *d'usage* dans le pays où le contrat est passé (art. 1159 du Code civil). On doit suppléer dans le contrat les clauses qui y sont *d'usage*, quoiqu'elles n'y soient pas exprimées (1160); enfin, et en ce qui touche l'effet des obligations, les conventions obligent non-seulement à ce qui y est exprimé, mais encore à toutes les suites que l'équité, *l'usage* ou la loi donnent à l'obligation, d'après sa nature (1135).

Ces exemples suffiront à faire comprendre combien la connaissance des *usages locaux* est nécessaire pour résoudre de nombreuses difficultés qui se présentent dans divers actes de la vie civile. Mais les usages changent de localité en localité; d'où l'indispensable nécessité de les constater, de les réunir dans un *recueil*, afin que, malgré leur diversité, ils soient bien connus des magistrats et des jurisconsultes (1).

Pour arriver à ce résultat, de longs et minutieux travaux ont été accomplis par les commissions

---

(1) Un ouvrage sur les usages *locaux* du département du Tarn a été publié, en l'année 1813, par M. de Clausade, membre du Conseil général et avocat à la Cour de Toulouse. — Ce travail a été utilement consulté

cantonales, sous, la direction de la commission centrale. Elles ont rempli consciencieusement leur mission, et l'on doit un juste tribut d'éloges et de reconnaissance soit aux magistrats locaux qui les ont dirigées, soit aux membres de ces diverses commissions qui les assistaient dans cette œuvre laborieuse. Les résultats de leurs recherches ont été consignés dans les réponses au *questionnaire* imprimé qui leur avait été envoyé par la commission centrale. Cette dernière commission, composée des magistrats du Tribunal du chef-lieu et de jurisconsultes autorisés, a vérifié avec soin les procès-verbaux et les réponses, dont les résultats forment le recueil publié sous les auspices de la même commission. Si l'on doit rendre un hommage mérité aux magistrats qui ont coopéré à ce travail, nous ne saurions témoigner trop de gratitude envers les jurisconsultes distingués qui ont coopéré à ce difficile travail. L'œuvre du questionnaire et la révision des réponses faites par les commissions cantonales sont dues principalement au concours laborieux et éclairé des légistes habiles et regrettés dont la perte prématurée a laissé, au sein du barreau d'Albi, de si profonds et de si unanimes regrets, à savoir : MM. Jules Boyer, Bermond et Gaugiran. Leur absence ne pouvait nous permettre de passer leur mémoire sous silence; il y aurait eu, de notre part, non seulement un oubli, mais une véritable ingratitude.

Nous ne saurions oublier davantage le concours que le Conseil général du Tarn a donné au Recueil des *Usages locaux*. Cette assemblée, qui avait pris l'initiative de cette affaire, a voulu, par un vote généreux, favoriser la publication de cet ouvrage.

Par là, elle a donné la mesure de l'importance qu'elle attachait à cette œuvre, dans l'intérêt du département.

Le Président de la Commission centrale,

Président du Tribunal de première instance d'Albi,

H. CROZES.

USAGES LOCAUX

AYANT FORCE DE LOI

DANS LE DÉPARTEMENT DU TARN.

———✦———

CHAPITRE PREMIER.

ABEILLES.

1° A quelle distance de la propriété voisine l'usage autorise-t-il de placer les ruches à miel ?

2° Y a-t-il quelque usage particulier sur le droit de suite d'un essaim d'abeilles ?

———

1° A quelle distance de la propriété voisine l'usage autorise-t-il de placer les ruches à miel ?

Dans le canton de Villefranche, à 1 mètre ; à 200 mètres à Saint-Amans-Soult ; à Salvagnac, à 40 mètres des propriétés bâties, à 20 mètres des non bâties; à Cuq-Toulza, à 50 mètres; dans les cantons d'Anglés, de Lisle et de Lavaur, un simple mur de clôture ou une haie suffit.

En tout cas et dans les autres cantons, à défaut de loi et d'usage, chaque propriétaire est donc libre d'agir comme il le juge convenable. Cependant, si une ruche établie nouvellement nuisait essentiellement à un voisin, il serait certainement en droit de réclamer son éloignement. (Fournel, *Traité du voisinage*, tome 2.) Cela rentre alors dans la disposition de l'article 1382 du Code civil. (Dalloz, *Jurisprudence générale*, tome 19. Droit rural, n° 118.)

2° Y a-t-il quelque usage particulier sur le droit de suite d'un essaim d'abeilles ?

Il faut distinguer :

L'essaim qui n'a pas été renfermé dans une ruche appartient, suivant la loi romaine, au premier occupant et au propriétaire du terrain sur lequel il s'est fixé. C'est là l'usage général dans tous les cantons.

Quant à l'essaim qui a été déjà renfermé dans une ruche, aux termes de l'article 5, section 3, chap. 1, de la loi du 28 septembre—6 octobre 1791, sur la police rurale, le propriétaire d'un essaim a le droit de le réclamer et de s'en ressaisir tant qu'il n'a pas cessé de le suivre.

Mais l'usage du droit de suite est diversement apprécié dans certains cantons :

A Albi, l'essaim appartient au propriétaire qui peut établir qu'il vient de chez lui; dans le cas contraire, à celui qui le poursuit; à Pampelonne, au premier qui l'aperçoit et le suit sans le quitter; à Valence, le propriétaire n'est pas censé avoir suivi l'essaim lorsqu'il l'a perdu de vue: à Villefranche et à Graulhet, le propriétaire qui le suit peut le réclamer partout où il se pose, *moyennant indemnité ;* à Castres, à Anglés, à Brassac, à Gaillac, à Cordes et à Lisle, le droit de suite existe *tant que le propriétaire ne l'a pas perdu de vue.*

Dans les autres cantons, il n'existe pas d'usage particulier.

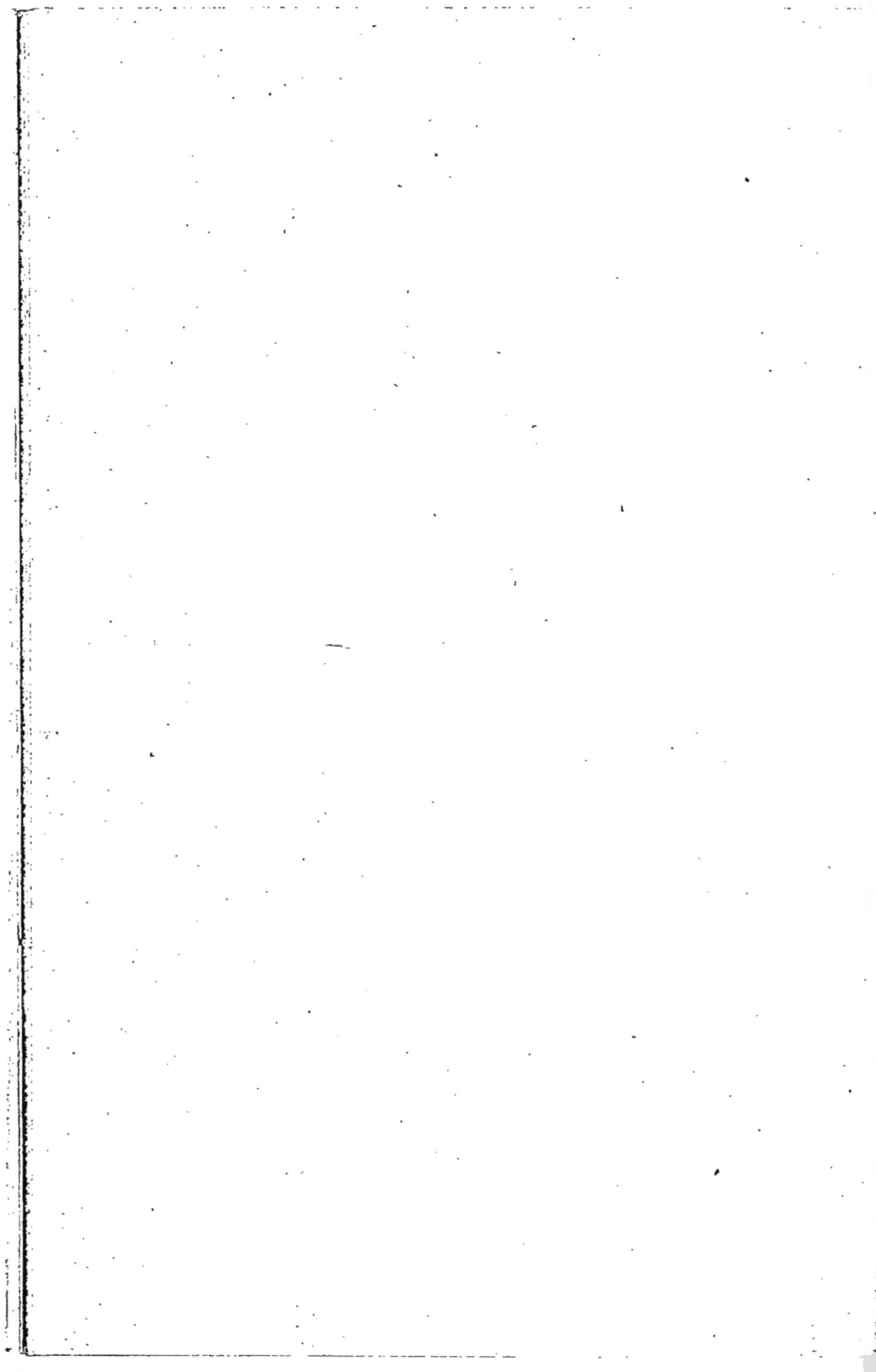

CHAPITRE II.

BANS.

1° Y a-t-il, dans les cantons, des bans :
  Pour les fenaisons ?
  Pour les moissons ?
  Pour les vendanges ?
2° Convient-il de les maintenir ?

Il n'existe dans aucun des cantons du département des bans pour les fenaisons ni pour les moissons, à l'exception de celui de Lavaur seul, qui a un ban pour les moissons.

Il en existe et il en a toujours existé pour les vendanges dans tous les cantons, à l'exception d'Alban, de Castres, d'Anglés, de Brassac, de Lacaune, de Murat, de St-Amans-Soult et de Vabre, cantons où il n'y a pas de vignobles ou à peu près. Nous n'avons donc rien à dire sur l'utilité des bans pour les fenaisons ou les moissons, puisqu'il n'en existe pas dans le département.

Les opinions sont divergentes sur la question de savoir si le ban des vendanges est réellement utile.

L'intérêt des propriétaires, disent les uns, s'oppose à des vendanges trop hâtives, et cet intérêt est

trop bien compris par les masses pour qu'il en soit
autrement. Le ban des vendanges est une gêne pour
les propriétaires et un surcroît de dépenses, parce
qu'il fait renchérir la main-d'œuvre en resserrant
le moment de la vendange dans un temps donné
sans offrir en compensation aucune espèce d'avan-
tage.

Le ban des vendanges, dit-on, d'un autre côté,
a pour objet de prévenir le discrédit des vignobles
et d'empêcher les vagabonds et maraudeurs d'entrer
dans les vignes avant qu'elles soient ouvertes de
toutes parts. Du reste, est-il ajouté, le ban n'oblige
pas les propriétaires à vendanger le même jour, il
leur est loisible de commencer lorsqu'il leur con-
vient, pourvu que ce soit après la proclamation du
ban.

Les juges de paix du département, consultés, à
l'exception de ceux indiqués ci-dessus, chez lesquels
les bans n'existent pas, ont été tous unanimes, ceux
des cantons d'Albi et de Labruguière exceptés, pour
le maintien du ban des vendanges. Depuis l'époque
où ils ont été consultés, le ministre de l'agriculture
ayant engagé les maires à ne pas user de la faculté
qui leur est donnée par le titre 1er, section 5, de la
loi du 28 septembre 1791, de ne pas faire de proclamation de ban pour les vendanges, plusieurs ont
suivi l'avis du ministre et on n'a pas signalé que des
inconvénients sérieux aient été la suite de ce nouveau
procédé conforme au principe de liberté, qui a pour
objet l'affranchissement de la propriété de toute
entrave.

CHAPITRE III.

BOIS.

1° Qu'entend-on, dans le canton, par bois taillis ?
Par bois de haute futaie ?

2° Comment a lieu l'aménagement des bois ?

3° Quel est le temps laissé entre chaque coupe ?

4° Combien laisse-t-on de baliveaux par hectare ?

5° A quelle époque les bois sont-ils réservés ?

6° Les bestiaux peuvent-ils être menés dans les taillis ?

7° Quels sont les usages pour l'émondage des arbres, la broutille et la ramée ?

8° Comment se fait la récolte des genêts ?

9° Les troupeaux sont-ils, dans tous les temps, menés dans les genêts ?

10° et 11° A quelle époque les bois vendus sont-ils enlevés ? à quelle époque sont-ils payables ?

12° Quels sont les usages pour les défrichements ?

1° Qu'entend-on dans le canton par bois taillis ?
Par bois de haute futaie ?

On appelle taillis, à Albi, les bois d'un à dix ans;
à Alban, les bois soumis à des coupes réglées; à
Monestiés, les bois coupés tous les cinq ou six ans;
à Pampelonne, les bois coupés tous les cinq ans;
à Réalmont, les bois d'un à dix ans; à Valdériés;
les bois d'un à douze ans; à Valence, les bois coupés après une révolution d'années indéterminée; à
Villefranche, ceux que l'on coupe tous les sept ans; à
Castres, les mises jusqu'à six ans; à Anglés, les bois
jusqu'à quinze, vingt et vingt-cinq ans; à Brassac,
celui qui fournit le stère; à Dourgne, les bois de
huit à dix ans; à Labruguière, les bois sujets à des
coupes réglées et âgés de moins de trente ans; à
Lacaune, les taillis sont les bois de un à trente ans;
à Lautrec, un bois que l'on coupe tous les cinq ans;
à Mazamet, les bois jusqu'à vingt-cinq ans; à
Montredon, les bois qu'on laisse croître jusqu'à sept
ou huit ans; à Murat, les bois au-dessous de trente
ans; à Roquecourbe et à St-Amans-Soult, idem; à
Vabre, les bois au-dessous de vingt ans; à Vielmur,
idem; à Gaillac, ceux d'un à dix ou quinze ans; à
Cadalen, ceux de dix à douze ans; à Cordes, les
taillis sont coupés à dix ans; à Castelnau-de-
Montmiral, à douze ans; à Lisle, jusqu'à dix-huit ans;
à Rabastens, de dix à trente ans; à Salvagnac,
au-dessous de dix à quinze ans; à Vaour, les taillis
sont les bois coupés à des époques variables; à
Lavaur, les bois qui n'ont pas dépassé cinq ans; à
Cuq-Toulza, les bois jusqu'à cinq ans; à Graulhet,
les bois au-dessous de quinze ans; à Puylaurens,
jusqu'à quatre ans seulement; à St-Paul, les bois
au-dessous de dix ans.

Les futaies pour tous les cantons sont généralement

ceux qui poussent après qu'ils ont dépassé l'âge des taillis; les hautes futaies, ceux qui sont au-dessus de trente ans.

2° Comment a lieu l'aménagement des bois ?

Il n'existe dans les divers cantons aucun usage pour l'aménagement des bois; néanmoins, à Villefranche, on les coupe par cinquième ou sixième de leur étendue; à Castres, tous les six ans, les futaies de vingt à vingt-cinq ans; à Mazamet, par coupes de sept hectares pour les grandes forêts; à St-Amans-Soult, par coupe de six, douze, et dix-huit ans; à Gaillac, tous les cinq ou six ans; à Rabastens, la broutille tous les quatre ans, les taillis de dix à quinze ans; à Lavaur, les taillis tous les cinq ans.

3° Quel est le temps nécessaire entre chaque coupe ?

L'usage pour l'intervalle des coupes est : à Albi, pour les taillis, de cinq à huit ans; pour les futaies, vingt ans; à Alban, pour les taillis, après six ans; pour les futaies, pas d'usage; à Réalmont, pour les taillis et les futaies, après vingt ou vingt-cinq ans; à Castres, les taillis, tous les six ans; les futaies, tous les vingt ou vingt-cinq ans; à Labruguière, les taillis se coupent de dix à trente ans; les hautes futaies, de soixante à cent ans; à Lacaune, de vingt, vingt-cinq et trente ans; à Mazamet, pour les taillis, de six à sept ans; de dix-huit à vingt-cinq ans pour le chauffage; à Montredon, de sept à huit ans pour les taillis, de quinze à vingt ans pour les futaies, un temps indéterminé pour les hautes futaies; à Murat, l'intervalle des coupes est de vingt à trente ans; à Roquecourbe, idem; à St-Amans, de six, douze et dix-huit ans, suivant l'essence; à Vielmur, l'intervalle est de cinq à vingt ans; à Gaillac, pour les taillis, de dix à quinze ans; de vingt à trente pour les futaies; à Cordes, de six à dix ans pour les taillis destinés au tan; de dix à trente pour le chauffage; à Rabastens, de dix à quinze pour les taillis; idem à Salvagnac; à Graulhet, de six à quinze ans pour les taillis; de vingt-cinq et au-dessus pour les futaies; à Cadalen, de dix ans; à Montmiral, de dix à vingt ans pour les taillis, et de vingt à quarante pour les futaies; à Lisle, de dix à dix-huit ans; à Vaour, de six ans; à Lavaur, de quatorze, quinze et seize ans; à Cuq-Toulza, de dix-huit à vingt ans; à St-Paul, de quinze à dix-huit ans.

Pas d'usages dans les autres cantons.

4° Combien laisse-t-on de baliveaux par hectare ?

On laisse par hectare : à Albi, cinquante baliveaux; à Alban, quarante; à Pampelonne, aucun; à Réalmont, cinquante; à Valdériés, idem; à Valence, soixante; à Villefranche, quarante; à Castres, suivant le Code forestier; à Anglés, cinquante; à Dourgne, trente-deux; à Labruguière, quarante; à Lacaune, de quarante à soixante; à Mazamet, de cinquante à cent; à Murat et à Roquecourbe, cinquante; à St-Amans-Soult, un nombre indéterminé; à Vabre, quatre-vingts; à Vielmur, vingt-cinq; à Gaillac, vingt; à Cadalen, quinze; à Castelnau-de-Montmiral, vingt; à Lisle, de douze à vingt-quatre, suivant la nature du sol; à Rabastens, Salvagnac, cinquante; à Lavaur, de douze à vingt-quatre au plus; à Cuq-Toulza, trente; à Graulhet, seize; à Puylaurens, cinquante-six; à St-Paul, cent quarante.

Pas d'usage pour les autres cantons.

5° A quelle époque les bois sont-ils réservés?

6° Les bestiaux peuvent-ils être menés dans les taillis ?

A Albi, les taillis sont réservés pendant les quatre premières années de leur naissance, les bestiaux n'y sont conduits qu'après quatre ans; à Alban, les taillis sont réservés tous les ans jusqu'au 15 avril; les bêtes à corne ne peuvent y entrer qu'après six ans, les bêtes à laine après trois ans, les chèvres après cinq ans; à Pampelonne, les taillis sont toujours et en tout temps réservés, les futaies ne le sont pas; à Villefranche, du 15 mars au mois d'octobre, mais les bestiaux ne peuvent pas être menés dans les taillis; à Réalmont, jusqu'après la quatrième année; à Valdériés, ils sont réservés du 1er mars au 1er juillet, mais toujours jusqu'après la quatrième année; à Valence, à partir du 15 avril de chaque année, mais toujours jusqu'à la cinquième, les taillis sont réservés du 15 mars au mois d'octobre; à Castres, les bois sont défensables jusqu'à l'âge de quatre ans; à Anglés, au 15 avril; à Brassac, la réserve a lieu de mars en novembre; à Dourgne, l'introduction des bestiaux est toujours interdite; à Labruguière, les taillis sont réservés à partir de fin d'avril; on ne peut y conduire les bestiaux qu'après trois ou quatre ans; à Lacaune, les taillis sont réservés au printemps; pas d'usage pour l'introduction des bestiaux; à Lautrec, la réserve a lieu du 15 avril au 15 septembre; les bestiaux peuvent y être introduits dans le temps où la réserve n'a pas lieu; à Mazamet, les taillis sont réservés à partir du 14 avril jusqu'à l'âge de trois ou quatre ans; les bestiaux peuvent y entrer hors des époques ci-dessus; à Montredon, les taillis sont interdits jusqu'à quatre ou cinq ans; à Murat, de mars en juin, mais les bestiaux peuvent y être introduits hors

de cet intervalle de temps; à Roquecourbe, les taillis
sont réservés pendant quatre ans; après ce temps
les bêtes à laine peuvent y entrer, les bêtes à cornes
après sept ans; à St-Amans-Soult, les taillis sont
réservés de cinq à dix ans, mais après ce temps
on y mène les bêtes à laine seulement; à Vabre,
ils sont réservés jusqu'à quatre ans; à Vielmur, les
taillis sont réservés et les bestiaux ne peuvent y
entrer que quatre ans après la coupe; à Gaillac,
ils sont réservés et les bestiaux ne peuvent y entrer
que six ans après la coupe; à Cadalen, les bois
sont réservés du 15 avril au 15 octobre; les moutons
ne peuvent y entrer pendant quatre ans, les autres
bêtes pendant six ans après la coupe; à Cordes, la
réserve a lieu pendant trois ans pour tous animaux
et durant toute l'année; à Castelnau-de-Montmiral,
pendant six ans; à Lisle, la réserve a lieu durant
les trois ans qui suivent la coupe; les moutons peuvent y entrer la quatrième année, les autres bêtes
la septième seulement; à Rabastens, la réserve
absolue a lieu durant cinq ans; à Salvagnac, les
taillis sont toujours réservés; à Vaour, il n'y a pas
de réserve, les bestiaux y sont toujours introduits;
à Lavaur, la réserve a lieu pendant cinq ans; à
Cuq-Toulza, du 1er avril au 1er septembre, les bestiaux
y sont introduits hors de cette époque; à Graulhet,
la réserve a toujours lieu du 15 avril au 1er novembre, mais pour toute l'année dans les quatre premières années; à Puylaurens, l'introduction dans les
taillis est toujours interdite; à St-Paul, les taillis
sont interdits durant cinq ans; après cette époque,
les bestiaux peuvent y être introduits, sauf dans
l'intervalle du 1er avril au 1er septembre.

7° Quels sont les usages :

Pour l'émondage des arbres ?

La broutille ou la ramée ?

L'émondage, la broutille et la ramée ont lieu tous les trois ans dans les cantons d'Albi, Alban, Pampelonne, Réalmont, Valdériés, Villefranche, Dourgne, Labruguière, Lautrec, Roquecourbe, St-Amans-Soult, Vielmur, Gaillac, Lisle, Vaour, Lavaur, Cuq-Toulza, Puylaurens, St-Paul; à Villefranche, tous les quatre ou cinq ans; à Castres, tous les cinq ans; à Lacaune, tous les trois, quatre ou cinq ans; à Cadalen, tous les quatre ans; à Cordes, tous les cinq ans.

Pas d'usage pour les autres cantons.

8° Comment se fait la récolte des genêts ?

9° Les troupeaux sont-ils dans tous les temps menés dans les genêts ?

Les genêts sont utilisés tous les quatre ou cinq ans pour la cendrée ou le chauffage, dans les cantons d'Alban, Monestiés, Pampelonne, Réalmont, Valdériés, Valence, Villefranche, Anglés, Labruguière, Mazamet, Montredon, Murat, Roquecourbe, Cordes, Lisle, Rabastens; on peut mener les bestiaux dans les genêts, en tout temps, dans les cantons de Valence, Anglés, Lacaune, Murat, Roquecourbe, St-Amans-Soult, Vabre, Lisle, Rabastens; dans le canton d'Alban, les bêtes à laine ne peuvent être conduites dans les genêts qu'au bout de deux ans, les bêtes à corne après trois ans; dans le canton de Monestiés, les troupeaux ne peuvent y être introduits qu'après quatre ans; à Pampelonne et à Montredon, après deux ans; à Mazamet, l'hiver

seulement ; à Valdériés, les brebis pendant l'hiver,
les vaches en toute saison ; à Villefranche, dans tous
les temps, après deux ou trois ans de la coupe ; à
Labruguière, dans tous les temps, excepté à l'époque
de la floraison ; dans le canton de Cordes, ils sont
réservés pendant trois ou quatre ans.

Il n'y a pas de genêts dans les autres cantons.

10° A quelle époque les bois vendus sont-ils enlevés ?

11° A quelle époque les bois vendus sont-ils payables ?

Les bois vendus sont enlevés avant le 15 avril ;
ils sont payables lors de la coupe ou de l'enlèvement,
dans les cantons d'Albi et d'Alban ; ils doivent être
enlevés avant la pousse nouvelle, sans usage pour le
payement dans le canton de Monestiés ; à Pampelonne, il en est de même pour l'enlèvement, mais ils
sont payés au comptant ; à Réalmont, vendus au
comptant, ils doivent être enlevés en avril et en
septembre ; à Valdériés, ils doivent être enlevés en
avril, pas d'usage pour le payement ; à Valence,
idem ; à Villefranche, enlevés avant la pousse, sans
usage pour l'époque du payement ; à Castres, ils doivent être enlevés avant le mois de mars, sans usage
pour le payement ; à Anglés, l'enlèvement doit être
opéré au 15 juin, pas d'usage pour le payement ;
à Brassac, le bois vendu doit être enlevé dans
l'année de la coupe, pas d'usage pour le payement ;
à Dourgne, l'enlèvement doit avoir lieu avant le
15 avril et le payement effectué après l'exploitation ;
à Labruguière, enlevés avant la pousse ; il n'y a
pas d'usage pour l'époque du payement ; à Lautrec,
ils doivent être enlevés en mars et septembre ; pas
d'usage pour le payement ; à Mazamet, payables dans
l'année de la vente, ils doivent être enlevés avant
le 15 avril ; à Montredon, St-Amans-Soult, Vabre,

Cordes, Montmiral, Puylaurens, l'enlèvement doit avoir lieu, avant le 15 avril; pas d'usage pour le payement; à Roquecourbe, ils doivent être enlevés avant la pousse, sans usage pour l'époque du payement; à Vielmur, ils doivent être enlevés avant le 15 mai, le payement doit être immédiat; à Gaillac, enlevés dans le mois de mai, pas d'usage pour le payement; à Cadalen, enlevés du 10 au 15 mai, ils sont payables en septembre; à Lisle, ils doivent être enlevés fin juillet, sont payables au 29 septembre au plus tard; à Salvagnac, les bois vendus doivent être enlevés en août ou septembre et payés du 24 août au 29 septembre; à Vaour, ils doivent être enlevés dans l'année, pas d'usage pour le payement; à Lavaur, les bois sont enlevés avant la fin de mai et payés le 9 septembre; à Cuq-Toulza, les bois doivent être enlevés avant le 15 avril et payés avant leur enlèvement; à Graulhet, enlevés avant le 15 mai, le payement doit avoir lieu au 1er septembre; à St-Paul, enlevés avant le 15 avril, ils sont également payables en septembre.

12° Quels sont les usages pour les défrichements?

Dans les cantons d'Albi et de Réalmont, l'usage pour les défrichements est que le propriétaire donne les racines et la première récolte; dans le canton de Roquecourbe, celui qui écobue prend toute la récolte dont il fournit la semence, le propriétaire n'en retient que la paille; dans le canton de Cadalen, les défrichements se font en abandonnant aux ouvriers tout ou partie des souches ou racines seulement; il en est de même dans le canton de Lisle; néanmoins, dans ce dernier canton, si les souches sont rares ou de vil prix, les ouvriers y font une récolte le plus souvent partagée avec le propriétaire; dans le canton de Lavaur, on donne deux cinquièmes

des troncs, lorsqu'ils sont nombreux, lorsqu'ils sont
clair-semés, on donne les troncs et une somme
d'argent; à Cuq-Toulza, on donne la moitié des
souches; dans le canton de Graulhet, les ouvriers ont
droit à la moitié ou à la totalité des troncs, s'ils
sont peu nombreux; dans le canton de St-Paul, on
donne tous les troncs.

Dans tous les autres cantons, il n'existe pas
d'usage pour les défrichements.

CHAPITRE IV.

BAIL DE MÉTAIRIE A COLONAGE.

1° Quand commence le bail ?

2° Quand prend-il fin ?

3° Les conditions sont-elles rédigées par écrit ou réglées par l'usage ?

4° A quelle époque le congé est-il donné ?

5° Est-il donné par écrit ou devant témoins ?

6° Peut-il être donné annuellement et avant que le métayer ait récolté les fruits de toutes les soles ?

7° Par qui sont fournis :
    Les cabaux ?
    Les semences ?
    Les charrettes, charrues et outils d'agriculture ?
    Les engrais, plâtres, chaux et cendres ?

8° Par qui sont entretenues les charrettes, charrues, outils, jougs et harnais ?

9° Comment et par qui sont payés :
    Les contributions ?
    Les prestations pour les chemins vicinaux ?
    L'impôt sur les chiens ?

Les primes d'assurances contre l'incendie ?

Contre la grêle ?

Le salaire des gardes particuliers ?

10° Quels sont les travaux à la charge du métayer ?

11° Le métayer est-il tenu de l'entretien des fossés, ruisseaux, haies, tertres, murs de clôture ?

12° Fait-il des charrois pour le maître ?

13° Laboure-t-il les vignes du maître ? à quelles conditions ?

14° Peut-il employer les bestiaux de la métairie pour lui ou pour autrui ?

15° Comment se partagent les récoltes ?

16° Le métayer peut-il enlever les gerbes des champs sans l'autorisation du maître ?

17° Comment doivent se consommer les pailles et les fourrages ?

18° Y a-t-il des récoltes qui appartiennent au maître seul ou au métayer seul ?

19° Comment se consomment les légumes verts ?

20° A qui revient la feuille des mûriers ?

21° Comment se partage :

Le produit des saules ?

Des oseraies ?

Des ruches à miel ?

22° Comment se partagent les fagots ?

23° Le métayer peut-il amener les bestiaux :

Dans les prairies ?

Dans les fourrages ?

Dans les bois ?

24° Peut-il faire des fagots et de la feuillée pour le four ?

25° Comment se partagent les fruits des arbres ?

26° Le métayer peut-il couper du bois pour son chauffage ?

27° Peut-il vendre ou échanger les bestiaux sans le consentement du maître ?

28° Comment se partagent les profits et les pertes des bestiaux ?

29° Le métayer fournit-il au maître une redevance en volailles et en œufs ?

30° Quel est l'usage pour les oies, les canards, les dindons ?

31° Le métayer peut-il tenir dans le troupeau de la métairie quelques bêtes lui appartenant exclusivement ?

32° Y a-t-il quelque usage particulier au sujet des porcs ?

33° Quels sont les droits du métayer sortant ?
Du nouveau métayer ?

34° Comment sont partagés à la sortie du métayer :
Les fourrages ?
Les pailles ?
Les engrais ?

35° En cas de vente de tout ou partie de la métairie, quels sont les droits du métayer ?

36° Le métayer contribue-t-il à l'entretien des bâtiments de la ferme ?

37° Le bail à colonage prend-t-il fin par la mort du métayer ?

38° Quels sont les droits du métayer sortant :
Sur les prairies artificielles ?
Sur les vignes par lui plantées ?
Sur les terres incultes par lui défrichées ?

39° Le métayer sorti qui vient lever la récolte
A-t-il droit au logement ?
Peut-il se servir des bestiaux de la métairie ?

40° Le métayer sortant peut-il se servir pour son déménagement des bestiaux et des charrettes de la métairie ?

41° Quels sont les droits et les obligations des enfants du métayer, habitant avec lui dans la métairie, après le décès de leur père ?

42° Quels sont les droits et les obligations des enfants du métayer, non habitant avec lui, après le décès de leur père ?

43° Comment sont constatés les comptes entre le maître et le métayer ?

44° Comment est payé le forgeron ?

45° Prélève-t-on sur le tas de blé quelque chose :
Pour l'église ?
Pour le carillonneur ?

46° En cas d'incendie, le métayer est-il responsable ?

1° Quand commence le bail ?

2° Quand prend-il fin ?

Le bail à colonage commence et finit au 30 novembre dans les cantons d'Albi, Gaillac, Cadalen,

Lisle; 1er novembre, à Alban, Villefranche, Castres, Brassac (sauf à Margnès, le 30 septembre), Dourgne, Labruguière, Mazamet, Vabre, Cuq-Toulza, Puylaurens, St-Paul; le 11 novembre, à Lautrec, Rabastens, Salvagnac, Vaour; il commence et finit le 30 septembre ou le 30 novembre, à Monestiés; le 24 juin ou le 30 novembre, à Pampelonne; le 11 novembre ou le 30 novembre, à Réalmont; du 1er au 30 novembre, à Valdériés; le 1er novembre et le 24 juin, à Valence; le 30 septembre, à Anglès; le 29 septembre ou le 1er novembre, à Lacaune; le 1er novembre, dans la plus grande partie du canton de Montredon; le 11 novembre, dans une partie de la commune de Montredon; le 29 septembre, à Murat et à Cordes; dans le canton de Roquecourbe : le 1er novembre à Roquecourbe, Burlats et Lacrouzette; et le 11 novembre, dans Montfa, St-Germier et St-Jean-de-Vals; le 30 septembre, à St-Amans-Soult; du 1er au 11 novembre, à Vielmur; à Montmiral, le 11 novembre et le 30 septembre; à Lavaur, le 1er et le 11 novembre; à Graulhet, du 11 au 30 novembre.

3° Les conditions sont-elles rédigées par écrit ou réglées par l'usage ?

Verbalement, à Lautrec et St-Paul; en général verbalement, quelquefois par écrit, à Montmiral et Cordes; par écrit, à Albi (en général par des polices faites par le maître et couchées sur un livret en double et dont un est remis au métayer; depuis quelque temps, il se passe un plus grand nombre d'actes authentiques); à Valdériés (également par police couchées sur un livret tenu en double); de même à Gaillac et Salvagnac, mais le livret n'est pas signé; à Réalmont, par écrit en un seul original mis par le propriétaire en tête de son journal; par

des notes rédigées par le bailleur quelquefois par
acte public, à Puylaurens; ordinairement par écrit,
à Villefranche, Castres, Lacaune, Montredon; par
écrit (acte public ou privé), à Alban, St-Amans-
Soult, Lisle, Graulhet; par écrit, à Anglés, Brassac,
Dourgne, Labruguière, Vabre, Lavaur; par écrit
pour les gros domaines, à Roquecourbe; par écrit
ou verbalement, à Valence, Murat, Vielmur, Rabastens; plus souvent verbalement que par écrit,
à Vaour; réglé par l'usage, à Cuq-Toulza et Mazamet; plus souvent par l'usage que par écrit, à
Monestiés et Pampelonne.

4° A quelle époque le congé est-il donné?

Il est donné trois mois à l'avance, à Alban,
Pampelonne, Valence, Villefranche, Anglés, Lacaune,
Murat, Vabre, Valdériés, où l'on tend à préférer les
six mois à l'avance; quatre mois à l'avance, à Brassac; six mois à l'avance, à Monestiés, Réalmont,
Cadalen, Cordes, Vaour, Gaillac, avec cette précision
qu'à Gaillac le congé est donné dans le courant de
mai; avant le 31 mai, à Albi; avant le 1er février
pour sortir le 1er novembre, à Castres; le 25 janvier au plus tard pour que le bail soit résilié le
11 novembre, à Lautrec; du 10 au 25 janvier, à
Vielmur; avant le 24 juin, à Mazamet et St-Amans-
Soult; au plus tard le 23 juin, à Dourgne; le 22
juillet, à Labruguière; dans le mois de juin ou le
jour des toisons, pour Roquecourbe, Lacrouzette et
Burlats; le 25 décembre pour les autres communes;
le 10 mai au plus tard, à Rabastens et Salvagnac;
avant le 11 mai, à Montmiral; le 25 mars au plus
tard, à Lavaur; le 25 mars inclusivement, à Cuq-
Toulza; le 25 mars, dans le canton de Graulhet,
excepté dans la commune de Graulhet, où le congé
peut être donné au partage du blé: avant le 25

mars, à St-Paul; par tout le mois d'avril, à Puylaurens; au plus tard le 31 mai, à Lisle; avant le
1er aont qui précède la sortie du colon, à Montredon.

5° Le congé est-il donné par écrit ou seulement
devant témoins ?

Par écrit, à Alban, Réalmont, Castres, Anglés,
Brassac, Labruguière, Lautrec, Murat, Vabre, Salvagnac, Vaour; ordinairement par écrit, à Lacaune;
devant témoins, à Pampelonne, Valence et Lavaur;
le plus souvent verbalement, à Albi, Monestiés,
Lisle, Mazamet, Cadalen; devant témoins ou devant
le maire, l'habitude s'établit de le donner devant le
juge de paix par billet d'avis, à Montmiral; par écrit,
quelquefois devant témoins, à Dourgne, Roquecourbe
et Cordes; par huissier, à Saint-Paul, Puylaurens,
Cuq-Toulza, Rabastens, Montredon; par huissier ou
devant témoins, à Villefranche et St-Amans-Soult;
par huissier, devant témoins ou devant le juge de
paix, qui le consigne sur le registre des accords, à
Vielmur; par huissier ou devant le juge de paix, à
Graulhet et Gaillac.

6° Le congé peut-il être donné annuellement et avant
que le métayer ait récolté les fruits de toutes les soles ?

Oui, à Albi, Alban, Valdériés, Valence, Ville-
franche, Castres, Brassac, Dourgne, Labruguière,
Lacaune, Mazamet, Montredon, Murat, Roquecourbe,
St-Amans-Soult, Vabre, Vielmur, Gaillac, Cadalen,
Lisle, Montmiral, Rabastens, Salvagnac, Lavaur;
Cuq-Toulza, Graulhet, Puylaurens, St-Paul; oui, il
peut être donné la première année, mais le colon
revient faire la deuxième récolte, à Réalmont, Lau-

trec et Cordes; non, à Monestiés, Pampelonne et Anglés; six mois à l'avance, à Vaour.

7° Par qui sont fournis :

　　Les cabaux ?

　　Les semences ?

　　Les charrettes, charrues et outils d'agriculture ?

　　Les engrais, plâtres, chaux, cendres ?

Les cabaux sont fournis par moitié, dans les cantons de Lautrec et Vielmur; en entier, le plus souvent par le bailleur, dans les cantons de Réalmont, Lavaur et St-Paul; en entier, par le bailleur, dans les trente cantons restants.

Les semences, par le maître, à Albi, Alban, Monestiés, Pampelonne, Valdériés, Valence, Villefranche, Castres, Brassac, Mazamet, Roquecourbe, St-Amans-Soult, Cadalen, Cordes, Graulhet; par le maître le plus souvent, à Réalmont, Lavaur, St-Paul; par le maître, qui les prélève à la récolte, à Montmiral; par moitié, à Anglés, Dourgne, Labruguière, Lacaune, Lautrec, Montredon, Murat, Vabre, Vielmur, Cuq-Toulza; par moitié, pour le plus grand nombre, à Salvagnac; à Vaour, généralement par moitié par le maître, parfois par le métayer; quelquefois par moitié, à Gaillac, par le métayer dans les sols riches, par moitié dans les autres; à Lisle et Rabastens, par moitié si le colon est à moitié fruits; à Puylaurens, s'il n'a que le tiers du blé, il n'en fournit que le tiers.

Les charrettes, charrues et outils d'agriculture, par le maître, à Alban, Pampelonne, Valdériés, Valence, Brassac, Roquecourbe, St-Amans-Soult, Vabre, Vaour, Lautrec (la commune de Montdragon exceptée), Anglés; par le colon, à Labruguière, Vielmur, Gaillac, Lisle, Rabastens, Salvagnac,

Lavaur, Cuq-Toulza, Graulhet, Puylaurens, St-Paul;
à Montmiral, en général; partie du canton par le
maître, partie du canton par le colon, à Cadalen;
par moitié, à Castres.

Les charrues et chevaux par le maître, les outils
à main par le colon, à Réalmont, Monestiés, Villefranche, Lacaune, Montredon, Murat, Cordes; les
charrettes par le maître, les charrues et outils par
le colon, à Albi, Dourgne et Mazamet.

Les engrais, plâtres, chaux, cendres, sont fournis
par moitié, à Albi, Réalmont, Villefranche, Castres,
Anglés, Dourgne, Lacaune, Mazamet, Murat, Roquecourbe, St-Amans-Soult, Vabre, Vielmur, Gaillac, Cadalen, Montmiral, Rabastens, Salvagnac,
Cuq-Toulza, Graulhet, Puylaurens, St-Paul, Lisle;
dans ce dernier canton, les marnages sont faits par
le maître avec contribution du colon; par moitié,
à Labruguière; en cas de discorde, par celui qui
veut en user; par le maître, à Alban, Valence,
Lautrec, Vaour; par le maître et le transport par
le colon, à Valdériés; par le maître et le colon, dans
des proportions différentes et qui varient, à Monestiés et Montredon; deux tiers par le maître, un tiers
par le colon et le port à sa charge, à Pampelonne.

Les fumiers par le maître, les autres engrais par
moitié, à Cordes; tous les amendements autres que
le fumier qui se fait dans la métairie, par moitié,
à Lavaur; les engrais sont produits par les bestiaux,
la chaux fournie, deux tiers par le maître, un tiers
par le colon, à Brassac.

8° Par qui sont entretenues les charrettes, charrues,
outils, jougs et harnais?

Par le colon, à Vielmur, Gaillac, Lisle, Montmiral, Rabastens, Salvagnac, Lavaur, Cuq-Toulza,
Graulhet, Puylaurens, St-Paul; par le colon avec

le bois du domaine, à Alban, St-Paul et Anglés;
les harnais par moitié, à Anglés; les jougs par
moitié, les liens par le métayer, à Puylaurens; par
le maître, à Vaour; par moitié à Pampelonne,
Valence, Villefranche, Castres, Labruguière, Lacaune,
Lautrec, Mazamet, Montredon, Roquecourbe, St-
Amans-Soult, Vabre; le maître paye les ouvriers,
le colon les nourrit, à Albi, Monestiés, Valdériés,
Brassac; à Dourgne les charrettes par moitié, les
outils par le colon ainsi que les jougs et harnais
dont il est ordinairement propriétaire, du reste pas
d'usage constant; à Murat, les charrettes, les charrues, les jougs, les harnais par moitié, les outils
par le colon; à Cadalen, par le colon quand il en
est propriétaire, par moitié quand ils sont au maître;
pour les jougs et harnais, par moitié dans une partie
du canton; dans Lautrec, à la charge du métayer;
à Cordes, les charrettes et charrues par moitié,
les outils par le métayer, les jougs et harnais sont
au maître et entretenus par moitié.

9° Comment et par qui sont payés :

    Les contributions ?

    Les prestations pour les chemins vicinaux ?

    L'impôt sur les chiens ?

    Les primes d'assurance contre l'incendie ?

    Les primes d'assurance contre la grêle ?

    Le salaire du garde particulier ?

Les contributions sont payées par moitié, à Albi,
Alban, Valdériés, Valence, Villefranche, Anglés,
St-Amans-Soult, Lavaur, Graulhet, St-Paul, à Pampelonne, où le maître en fait l'avance; par moitié ou
par tiers, selon la part du colon, à Puylaurens;
par moitié avec le produit de la laine dans les mon-
tagnes et sur le produit des cabaux dans la plaine,

à Roquecourbe; par le propriétaire, à Murat, Cordes, Rabastens, Salvagnac, Vaour, Lisle, où cependant, dans quelques exploitations de Peyrole et Parisot, une partie est payée par le colon; par le maître qui prélève le blé sur le tas, à Monestiés, Réalmont, Gaillac, Montmiral; encore par le maître, qui reçoit du colon une redevance dite *aide de taille*, à Castres, Brassac, Dourgne, Lacaune, Mazamet, Montredon, Vabre; par le propriétaire, qui reçoit une somme fixée par la convention, à Labruguière; par le maître, à Cadalen, où le colon en fait compte en argent et en grains; par le maître, à Cuq-Toulza, mais le colon lui fait compte de la moitié; par le métayer ordinairement, à Lautrec; selon les conventions, à Vielmur.

Les prestations pour les chemins sont payées par le colon, à Monestiés, Pampelonne, Castres, Anglés, Labruguière, Lacaune, Lautrec, Murat, Roquecourbe, Vabre, Vielmur, Gaillac, Cordes, Montmiral, Salvagnac, Vaour, Lavaur, St-Paul; par le colon avec les bestiaux de la métairie, à Albi, Alban, Valdériés, Valence, Villefranche, Montredon, Cadalen, Lisle, Graulhet; à Réalmont, aussi par les bestiaux et en défaut par moitié; à Mazamet, par le bétail et le colon, et par moitié si elles sont payées en argent; par moitié, à Brassac, Dourgne, Rabastens, Puylaurens, St-Amans-Soult, où le colon paye les prestations des hommes et celle des bestiaux par moitié; à Cuq-Toulza, par moitié si elles sont payées en argent, et par les bestiaux de la métairie si elles sont payées en nature.

L'impôt sur les chiens est payé par le colon, à Albi, Alban, Pampelonne, Réalmont, Valdériés, Villefranche, Castres, Anglés, Brassac, Dourgne, Labruguière, Lacaune, Mazamet, Montredon, Murat, St-Amans-Soult, Vabre, Vielmur, Gaillac, Cadalen, Rabastens, Salvagnac, Vaour, Lavaur, Cuq-Toulza, Graulhet, St-Paul; par le maître, à Monestiés; par celui qui les possède à Lautrec, Valence, Cordes, Lisle, Puylaurens; par le maître et le colon, à Montmiral; pas d'usage à Roquecourbe.

La prime d'assurance contre l'incendie est payée : par le maître, à Albi, Alban, Monestiés, Pampelonne, Réalmont, Valdériés, Valence, Villefranche, Castres, Anglés, Labruguière, Lacaune, Lautrec, Montredon, Murat, St-Amans-Soult, Vabre, Vielmur, Cadalen, Montmiral, Rabastens, Salvagnac, Vaour, Cuq-Toulza, Puylaurens, St-Paul; par moitié, à Brassac, Mazamet, Cordes, Graulhet, Gaillac; dans ce dernier canton, quelquefois par le maître; par le maître pour les bâtiments, par le métayer pour son mobilier, par moitié pour les fourrages, à Lisle; par le maître pour les bâtiments, par le métayer pour son mobilier, à Lavaur

Pas d'usage à Dourgne et Roquecourbe.

La prime d'assurance contre la grèle est payée : par le propriétaire, à Villefranche, Lautrec, Montredon, St-Amans-Soult, Vabre, St-Paul, Vaour; par moitié, à Alban, Anglés, Brassac, Lacaune, Mazamet, Murat, Vielmur, Cordes, Montmiral, Lavaur, Cuq-Toulza, Graulhet, Puylaurens; pas d'assurés, à Monestiés, Pampelonne, Valence, Castres, Labruguière, Gaillac, Cadalen, Rabastens, Salvagnac.

Pas d'usage à Albi, Réalmont, Valdériés, Dourgne, Roquecourbe, Lisle.

Le garde particulier est payé : par le maître, à Albi, Alban, Monestiés, Réalmont, Valdériés, Valence, Villefranche, Castres, Anglés, Brassac, Dourgne, Labruguière, Lacaune, Lautrec, Mazamet, Montredon, Murat, St-Amans-Soult, Vabre, Vielmur, Gaillac, Cadalen, Lisle, Montmiral, Rabastens, Salvagnac, Vaour, Lavaur, Cuq-Toulza, Graulhet, St-Paul; par moitié, à Cordes.

Pas d'usage à Roquecourbe et Puylaurens.

Pas de garde à Pampelonne.

10° Quels sont les travaux à la charge du métayer ?

Tous les travaux ordinaires de culture sont à sa
charge dans tous les cantons du département. Dans
celui de Dourgne, il y a des métayers qui lèvent
même la récolte quitte de solatage pour le maître.
Parfois les solatiers se payent de compte à demi ;
en général, ils ont le septième, quelquefois le huitième et, depuis l'usage du rouleau, le dixième.

Les améliorations importantes sont partout au
compte du propriétaire, excepté dans le canton de
St-Paul, où il y contribue seulement dans une proportion qui varie du tiers à la moitié, le surplus
étant supporté par le colon.

11° Le métayer est-il tenu de l'entretien des fossés,
ruisseaux, haies, tertres, murs de clôture ?

Le métayer en est chargé à Alban, Pampelonne,
Castres, Gaillac, Rabastens, Vaour, Cuq-Toulza,
Graulhet ; il en est encore chargé dans les autres
cantons, à l'exception des murs de clôture ; il en est
chargé aussi à Réalmont, où les murs de clôture
sont au compte du maître, qui contribue pour l'entretien des fossés mères ; à Labruguière, le métayer
est chargé de tout, à l'exception des ruisseaux, des
tertres et des murs de clôture ; à Lacaune, le métayer a les fossés et les ruisseaux pour son compte,
le reste est pour le compte du maître, le métayer
doit aussi les charrois ; à Murat, il n'est chargé que
des fossés et des charrois ; à Vabre, les haies, les
tertres et les murs de clôture concernent le maître,
le surplus est à la charge du métayer ; à Cordes,
les ruisseaux et les murs de clôture sont entretenus
à frais communs, le surplus à la charge du métayer ;

ce dernier est affranchi de tout entretien à Mazamet, même à St-Amans-Soult, sauf les rigoles des prairies dans ce dernier canton.

Pas d'usage à Valence.

12e Fait-il des charrois pour le maître ?

Il en fait dans tous les cantons, non-seulement pour les denrées de la métairie, mais encore pour les réparations des bâtiments et autres besoins, mais dans une limite raisonnable. Toutefois, dans les cantons de Puylaurens et Lacaune, ces charrois se font d'après les conventions.

13e Laboure-t-il les vignes du maître? à quelles conditions ?

Il est plusieurs cantons où il n'existe pas de vignes, d'autres où il en existe, mais elles ne sont pas labourées par le métayer; de ces cantons nous n'en parlerons pas; nous nous bornerons à ceux où le colon laboure les vignes du maître; il les laboure par suite de conventions particulières et aux conditions y stipulées : à Albi, Valdériés, Dourgne, Lautrec, Puylaurens, Réalmont, ici le plus souvent sans rétribution et comme conditions du bail; il les laboure également conformément à l'usage, mais aux conditions convenues, à Castres; moyennant la nourriture et quelquefois avec salaire, à Gaillac; moyennant la nourriture, à Montmiral, Salvagnac et St-Paul; moyennant 1 fr. par jour, à Cadalen; 1 fr. 50 c. par jour, à Lisle et Lavaur, moyennant une légère rétribution, à Rabastens; moyennant rétribution non fixée, à Villefranche; il fait tous les travaux moyennant la moitié du produit à Cuq-Toulza et Roquecourbe; mais, dans ce dernier canton, si

les vignes sont réservées par le maître, le colon se
borne au transport des engrais, de la vendange et
du sarment; enfin le métayer laboure les vignes,
mais grauitement, à Vielmur et à Graulhet.

14° Peut-il employer les bestiaux de la métairie pour
lui ou pour autrui?

Il peut les employer dans son intérêt personnel,
notamment pour le transport de son mobilier à sa
sortie : à Albi, Valdériés, Roquecourbe, St-Amans-
Soult, Cadalen, Lisle, Montmiral, Salvagnac, St-
Paul; il peut même les employer pour cultiver son
petit bien, s'il n'est pas trop éloigné, à Réalmont;
il le peut même à Réalmont pour autrui, à charge
de retour, mais sans salaire; il le peut aussi, pour
autrui, à Lautrec, avec salaire, mais il a l'obligation
de partager le salaire avec le maître; partout ailleurs
cette faculté lui est interdite.

15° Comment se partagent les récoltes?

Par moitié, déduction faite de la semence, à Albi,
Roquecourbe, Cadalen, Montmiral, Graulhet; par
moitié, après prélèvement de la semence et d'une
certaine quantité de blé pour aide de contribution
et le forgeron, à Monestiés, Réalmont, Valdériés;
également par moitié, distraction faite des semences
et de l'abonnement du forgeron, à Villefranche; également par moitié, à Lautrec, où les charges de la
propriété telles que contributions, etc., incombent
au métayer; à Dourgne, aussi par moitié; mais, par
exception et quand c'est convenu, le métayer n'a que
le tiers de la récolte en blé; par moitié, à Anglés,
les pommes de terre exceptées; à Puylaurens, le
maïs par moitié et le blé par moitié ou par tiers;
dans tous les autres cantons, c'est par moitié.

16° Le métayer peut-il enlever les gerbes des champs sans l'autorisation du maître ?

Oui, à Monestiés, Valence, Castres, Anglés, Dourgne, Labruguière, Lacaune, Lautrec, Mazamet, Murat, Roquecourbe, St-Amans-Soult, Vabre, Vielmur, Gaillac; oui encore, à condition que le maître ait reconnu le nombre de gerbes, à Cordes, Lavaur, Saint-Paul, Réalmont; partout ailleurs, le métayer ne peut les enlever sans l'autorisation du maître.

17° Comment doivent se consommer les pailles et les fourrages ?

Les pailles et fourrages se consomment partout sur le domaine; toutefois, à Dourgne, lors d'une bonne récolte en foin ou fourrages, le maître s'en réserve une partie qu'il vend à son profit; à Valdériés, l'année de la sortie, le métayer ne peut consommer que la moitié des fourrages; à Lautrec, quand le bail finit, le métayer prend le tiers des fourrages non consommés, quant à la paille et autres produits, ils doivent rester sur le domaine; à Roquecourbe, l'année de la sortie, le métayer ne peut consommer que le quart des pailles et fourrages; dans les communes de Burlats et Lacrouzette, on n'accorde que 500 kilogrammes de fourrages par paire de labour; à Lavaur, le métayer sortant doit laisser au métayer entrant les deux tiers des foins, trèfles, luzernes, sainfoins, feuilles, têtes de millet et généralement de tous les fourrages non consommés en vert, qu'elle qu'en soit la nature; si à la sortie le métayer n'avait pas consommé sa part, il ne pourrait pas enlever ce qui resterait, non plus que les fumiers résultant de la partie consommée;

si le tiers que l'usage lui donne ne suffisait pas à l'entretien des bestiaux, le supplément s'achète par moitié.

18° Y a-t-il des récoltes qui appartiennent au maître seul, ou au métayer seul ?

Il n'en existe pas, sauf les exceptions qui suivent : en général, le maître laisse au métayer un petit jardin dont il a la jouissance exclusive ; à Monestiés, les fourrages sont au fermier, mais il doit les consommer sur le domaine ; à Lautrec, la récolte en vin appartient exclusivement au maître ; à Gaillac, également ; il en est de même pour les coupes de bois, à Vabre ; à Lisle, la graine de chanvre, les sarments de vignes, les tiges de maïs sont au métayer seul ; à Lavaur, ce dernier profite seulement de la moitié des fruits du jardin, mais il a toute la graine de chanvre, à la condition d'en fournir la semence ; enfin, à Graulhet, les raisins et les coupes de bois appartiennent au maître ; le métayer a droit à la ramée et à une partie de la basse taille pour son chauffage.

19° Comment se consomment les légumes verts ?

Par moitié, à Monestiés, Pampelonne, Villefranche, Labruguière, Lautrec, Roquecourbe, St-Amans-Soult, Vielmur, Puylaurens ; le maître et le colon en cueillent pour leurs besoins personnels et partagent le reste, à Albi, Valdériés, Gaillac, Lisle, Lavaur, Cuq-Toulza, Mazamet ; le maître et le colon en prennent chacun pour leurs besoins personnels, à St-Paul, Graulhet, Vaour, Salvagnac, Cordes, Cadalen ; le métayer en profite seul, à Vabre, Murat, Lacaune, Dourgne, Alban, Valence ; il en prend

pour ses besoins, à Montmiral, et partage le reste;
ils ne se partagent pas en vert, à Rabastens et
Réalmont ; le métayer prend ce qu'il veut, le reste
est partagé; pas d'usage à Castres et à Montredon;
à Anglés, le métayer en sème dans son jardin et
les recueille seul.

20° A qui revient la feuille des mûriers ?

Il n'y a pas de mûriers dans beaucoup de cantons; dans ceux où il en existe, la feuille est exclusivement au propriétaire; toutefois, dans le canton
de Lavaur, elle est au maître et au colon; si celui-ci
n'est pas chargé de l'éducation des vers à soie, il
reçoit une indemnité égale à la valeur de la moitié
de la feuille.

21° Comment se partage le produit :
  Des saules ?
  Des oseraies ?
  Des ruches à miel ?

Dans un grand nombre de localités de la mon-
tagne, il n'existe ni saules, ni oseraies.
Ces deux produits sont partagés par moitié entre
le maître et le colon, à Albi, Monestiés, Cadalen,
Rabastens, Lisle, Montmiral, Salvagnac, Graulhet;
dans ces quatre dernières localités, le maître paye
l'ouvrier qui fait les cerceaux, le métayer le nourrit;
à Réalmont, on en fait des cerceaux qui sont partagés, et le colon, avec les osiers, fait des paniers
qui sont partagés aussi; le maître prend seul les
osiers et les saules, à Alban, Vielmur et Vaour;
les osiers, à Valence et Labruguière; il n'existe pas
de saules dans ces deux dernières localités; il n'en
existe pas non plus à Valdériés, où il y a pourtant

des osiers, qui sont partagés par moitié; à Castres, pas d'osiers non plus, mais il y a des saules, dont le maître profite seul; à Roquecourbe et Gaillac, pas d'oseraies, mais les barres de saule y sont partagées par moitié; à Cordes, les osiers sont partagés, mais non les barres de saule, qui sont en entier au maître; à Lavaur, pas d'osiers, les barres de saule sont coupées tous les trois ou quatre ans et partagées, soit avant, soit après leur conversion en cerceaux; dans ce dernier cas, le maître paye l'ouvrier et le métayer le nourrit; à St-Paul, les cerceaux se partagent aussi par moitié, le menu bois est au colon; à Puylaurens, les barres se partagent et les fagots reviennent au colon; à Cuq-Toulza, en général, le colon prend tout le produit des saules; certains maîtres, néanmoins, se font remettre les barres et donnent les fagots au colon; dans ces trois derniers cantons, pas d'oseraies; à Lautrec, pas d'usage, il n'existe presque pas de saules et d'oseraies; à Dourgne, pas d'usage non plus; cependant le métayer coupe les branches pour son chauffage, il les émonde tous les trois ans, quelquefois elles sont réservées par le maître; pas d'oseraies à Dourgne.

Quant au produit des ruches à miel, il est partagé partout, excepté à Valence, Castres, Labruguière, Lautrec, St-Amans-Soult, Vielmur, Cordes, où le maître en profite seul; pas de ruches à miel à Puylaurens.

22° Comment se partagent les fagots ?

Ils se partagent par moitié à Albi, Alban, Valdériés, Villefranche, Lautrec, Vaour; à Monestiés, le métayer fait la coupe et le transport, le prix de la vente est partagé par moitié; à Réalmont, tantôt par moitié, tantôt moins de moitié pour le maître;

la feuille mangée par les troupeaux, le bois se partage par moitié, à Labruguière; le métayer les garde pour son chauffage, à Pampelonne, Valence, Brassac, Lacaune, Dourgne; quand la feuille a été mangée par les troupeaux, dans quelques communes, le propriétaire prend une partie des fagots; le métayer les garde aussi, à Mazamet, Murat, St-Amans-Soult, Cadalen, Graulhet; mais, à Roquecourbe, l'excédant est partagé par moitié; à Castres, tout le produit des bois est au maître, sauf le chauffage du colon; à Vabre, Vielmur, Gaillac, Cuq-Toulza, ils appartiennent au maître; à Cordes, le maître est tenu de les faire et le métayer prend le nombre convenu pour son chauffage; à Lisle aussi, le produit des taillis et des arbres appartient au maître, les fagots de menu bois sont au métayer à concurrence de ses besoins, le surplus revient au maître; à Montmiral, les fagots d'émondage des bordures des prés au colon, ceux des bois au maître; à Salvagnac, les fagots de saule et peuplier au métayer pour la nourriture des bestiaux, il n'a aucun droit sur les autres; à Lavaur, les fagots de feuille, quand la feuille est mangée par les bestiaux, servent au chauffage du métayer; ceux que le maître lui donne à faire dans les bois réservés sont partagés; à Puylaurens, les fagots des bois appartiennent au maître; à St-Paul, on en donne trois cents au métayer; à Rabastens, les fagots ne se partagent pas; à Anglés, pas d'usage, ni à Montredon.

23° Le métayer peut-il amener les bestiaux :

Dans les prairies ?

Dans les fourrages ?

Dans les bois ?

On ne peut pas les y conduire à Albi; on peut les y conduire du 1er novembre au 30 mars, à Alban;

sauf les moutons et les cochons, à Monestiés; excepté les bêtes à laine, à Pampelonne; dans celles qui servent de pacage, en tout temps; dans les autres, après la récolte, mais non les moutons, à Réalmont; les bêtes à corne, depuis la fauchaison au 25 mars, à Valdériés; oui, après la fauchaison, à Valence; de la fauchaison au mois de mars, les moutons exceptés, à Villefranche; oui encore, à Castres, Anglés, Labruguière, Vaour; pendant qu'elles ne sont pas en réserve, à Brassac, Mazamet et Vielmur; non, du 25 mars au 25 mai, à Dourgne; oui, au printemps et en automne, à Lacaune et Murat; après la deuxième fenaison, à Lautrec; après l'enlèvement de la récolte, à Montredon, Gaillac et Puylaurens; depuis la fenaison jusqu'au 1er mars dans les communes de Montfa, St-Germier et St-Jean-de-Vals (canton de Roquecourbe); jusqu'au 1er avril, dans Roquecourbe, Burlats et Lacrouzette; jusqu'aux époques fixées dans la police, à St-Amans-Soult; jusqu'au 15 avril, à Vabre; jusqu'à la Noël, à Cadalen; jusqu'au mois de janvier, à Cordes; jusqu'au 15 février, à Lisle et Rabastens; jusqu'au 1er mars, à Salvagnac, les moutons exceptés; aussi jusqu'au 1er mars, à Cuq-Toulza; jusqu'à fin mars, à St-Paul; jusqu'au 25 décembre, à Graulhet; à Lavaur, après la fauchaison dans les prairies naturelles, mais non dans les prairies artificielles et encore les moutons exceptés; oui aussi, à Montmiral, sauf les prairies réservées et artificielles.

Peut-on conduire le bétail dans les fourrages ?

Non, à l'exception des cochons, à Albi et Valdériés; non à Alban, Pampelonne, Villefranche, Anglés, Brassac, Dourgne, Montmiral, Lavaur, Puylaurens; non, à Lacaune, sauf quelques exceptions; non, à Murat, sauf dans quelques fourrages artificiels; oui, à Valence, Castres, Labruguière, St-Amans-Soult, Vielmur, Gaillac, Cadalen, Cordes, Salvagnac, Vaour; à Mazamet, pendant l'hiver; de la dernière coupe au printemps, à Montredon; oui généralement, à Roquecourbe; en automne, à Vabre; jusqu'au 15 février, à Lisle; après la fauchaison, à Rabastens; après la dernière coupe qui précède le défrichement, à Cuq-Toulza; depuis la dernière coupe jusqu'au mois de février, à Graulhet; jusqu'à fin mars, à St-Paul; la dernière année seulement, à Monestiés; oui, mais après toutes les coupes, à Réalmont.

Peut-on conduire le bétail dans les bois ?

Non, à Réalmont, Anglés, Lautrec, Salvagnac; oui, à Albi, Monestiés, Valdériés, Valence, Castres, Labruguière, Murat, St-Amans-Soult, Vaour, La-caune, pour des bêtes à laine; oui, dans les futaies, à Pampelonne, Villefranche, Montmiral, St-Paul; oui encore dans les bois défensables, à Dourgne, Mazamet, Montredon, Roquecourbe, Vabre, Vielmur, Gaillac, Lisle, Rabastens, Lavaur, Puylaurens; à Cadalen, du 15 octobre au 15 avril; quant à l'âge requis pour la défensabilité, il varie, il est de 3, 4, 5 et 6 ans, suivant les localités; à Graulhet, à toute époque dans les hautes futaies, et de septembre au 15 avril dans les taillis de plus de trois ans; à Cordes, l'interdiction commence à l'apparition des bourgeons; à Cuq-Toulza, elle est levée du 1er septembre au 15 avril, à Brassac, pendant le temps que les bois ne sont pas réservés; à Alban, du 1er novembre au 30 mars.

24° Peut-il faire des fagots et de la feuillée pour le four ?

Il le peut partout ; en général, ces fagots se composent de ronces, d'épines croissant autour des champs, de l'élagage des haies, du bois mort, du menu bois, de bruyères, d'ajoncs ; ils sont même faits quelquefois dans les bois, comme à Graulhet, par l'émondage ; mais les mises doivent au moins avoir trois ans ; à Murat, il ne peut le faire que des bois morts et des genêts.

25° Comment se partagent les fruits des arbres ?

Ils se partagent partout par moitié, sauf de très-rares exceptions ; ils sont réservés par le propriétaire, à Castres et Dourgne ; à Graulhet, ceux des vergers sont au maître, ceux des arbres épars sont partagés par moitié ; on suit les conditions stipulées à St-Amans-Soult ; il n'existe aucun usage à Mazamet ; à Cadalen, ceux qui se mangent en vert appartiennent au maître, ceux que l'on fait sécher se partagent par moitié ; à Lisle, le maître prend les premiers et les plus beaux qui se mangent frais ; le métayer en prend aussi, mais avec discrétion ; les plus mauvais sont mangés par les animaux, ceux qui se conservent sont partagés par moitié.

26° Le métayer peut-il couper du bois pour son chauffage ?

Cela lui est permis à Monestiés, aux endroits indiqués par le maître, qui lui donne aussi l'émondage des arbres fruitiers ; à Villefranche, où il profite de l'émondage des châtaigners ou de broutilles qui ont servi à la nourriture des troupeaux; c'est encore permis à Lautrec; à Roquecourbe, où il a les broussailles et le produit de l'émondage; à Vabre, il consomme le bois de fagots faits en automne et destinés aux moutons; en cas d'insuffisance, les genêts et la bruyère; oui encore, à peu près dans les mêmes conditions, à Lavaur, Cuq-Toulza et Puylaurens; non dans les autres cantons, à moins de conventions spéciales.

27° Peut-il vendre ou échanger les bestiaux sans le consentement du maître?

Le métayer peut vendre ou échanger les bestiaux sans le consentement du maître, dans les cantons de Castres, de Lautrec; il n'a pas cette faculté dans les autres cantons; néanmoins, à Lisle, il peut les vendre par moitié, et à Lavaur, l'usage l'autorise à vendre les bêtes de croît au temps où il le juge le plus favorable.

28° Comment se partagent les profits et les pertes des bestiaux?

Les pertes et profits des bestiaux se partagent par moitié dans tous les cantons.

29° Le métayer fournit-il au maître une redevance en volailles et en œufs?

Le métayer fournit une redevance en volailles et en œufs, dans tous les cas, suivant l'importance du domaine, sauf à Monestiés, où cet usage n'existe pas, et à Cordes, où, en général, on partage le tout.

30° Quel est l'usage pour les oies, les canards, les dindons ?

Les oies, les canards et les dindons sont achetés et partagés par moitié dans le plus grand nombre de cantons; on n'en élève pas, ou pas d'usage, dans les cantons d'Alban, Valence, Castres, Anglés, Brassac, Lacaune, Mazamet, Montredon, Murat, St-Amans-Soult, Vabre; à Dourgne, si on achète les petits, le maître fournit le pied et le profit est partagé; s'ils naissent sur les lieux, le métayer donne le nombre fixé par la convention; à Labruguière, ils sont achetés et partagés par moitié, le partage a lieu avant l'engrais, le colon perçoit seul la plume; à Cadalen, ceux élevés sur le bien sont partagés; si on les achète, le maître fournit le prix, le bénéfice se partage; à Cordes et à Montmiral, le maître avance le capital, les bénéfices et pertes se partagent; à Rabastens, tout se partage, soit ce qu'on achète, soit ce qui naît sur le bien, les avances se font de moitié; à Cuq-Toulza, le maître fournit le pied, le reste se partage.

31° Le métayer peut-il tenir dans le troupeau de la métairie quelques bêtes lui appartenant exclusivement ?

Le métayer peut tenir dans la métairie quelques bêtes lui appartenant exclusivement, à Alban, Anglés, Lacaune, Vabre, Réalmont, mais en petit nombre; à St-Amans-Soult, Roquecourbe et Montredon, le nombre fixé par la convention; à Valence, le berger peut en tenir quelques-unes; à Villefranche, deux aussi pour le berger; à Brassac et à Dourgne, on peut en tenir, mais cet usage tend à disparaître; à Monestiés, l'usage existe pour le métayer, mais

pour le cochon gras seulement; dans tous les autres
cantons, le métayer n'a le droit de tenir aucune bête
lui appartenant.

32° Y a-t-il quelque usage particulier au sujet des
porcs ?

Il n'y a aucun usage particulier au sujet des porcs
dans la plupart des cantons; néanmoins, certains
usages existent dans les cantons suivants : à Valdériés, Montmiral, Salvagnac, ils sont achetés par
le maître, nourris par le métayer et partagés par
moitié; à Albi et à Réalmont, ils sont achetés par
le maître et partagés par moitié, prélèvement fait du
prix d'achat; à Réalmont, le métayer les nourrit sauf
les ventrées ou petits, qui sont à frais communs; à
Valence, le maître les prend le 11 novembre, sinon
il laisse la moitié des denrées pour les engraisser;
à Dourgne, en septembre, le maître et le métayer
prennent les porcs pour les engraisser, on les estime
et on se fait compte du plus ou moins de valeur;
à Brassac, Roquecourbe, St-Amans-Soult, Vielmur,
Graulhet, Vaour, les profits et pertes sont partagés
par moitié; à Gaillac, on achète trois porcs, deux se
partagent, le troisième est gardé pour la réserve,
on l'engraisse, on le vend et le prix sert pour un
nouvel achat; à Lavaur, le partage se fait en octobre,
après partage, l'entretien est à la charge du métayer,
celui-ci a le droit d'engraisser un porc pour son
usage; à Rabastens et à Lisle, ils l'achètent et le
partagent par moitié; à Cadalen, ils sont achetés
par moitié, nourris par le métayer; en octobre, le
colon les estime, le maître choisit en rendant ou
donnant une soulte, le colon nourrit la truie, les
cochons de lait sont nourris de moitié; à Lisle,
l'entretien des porcs est à la charge du métayer après
le partage, qui a lieu le 30 octobre: après partage,

le métayer peut engraisser un porc à son usage,
les profits et pertes sur les truies sont partagés
par moitié.

33° Quels sont les droits du métayer sortant ?
    Du nouveau métayer ?

Les droits *des métayers sortants* consistent à
lever les récoltes en grains qu'ils ont ensemencées
avant leur sortie et à en prendre leur part, et cela
dans tous les cantons. — Ils moissonnent, battent
et rentrent le grain, ils ont droit aux fruits des
arbres se trouvant sur la sole du blé; ils doivent
suivre les assolements antérieurs nécessaires; ils ne
peuvent semer moins que l'année où ils sont entrés;
à la sortie, une estimation est faite des cabaux,
charrues, charrettes et outils d'agriculture; on partage le profit ou la perte; ils emploient pour les
semailles tous les fumiers existants, et les bestiaux
du domaine pour le transport de leurs meubles.
    A Lacaune, le métayer prend la moitié des navets
et des raves qui se trouvent en terre à sa sortie.
— Si les semailles n'étaient pas achevées avant la
sortie, il a le droit d'employer les bestiaux de la
métairie, qui, alors, sont conduits par le nouveau
métayer, qu'il nourrit. — Depuis l'introduction des
rouleaux à dépiquer, l'usage est, en général, qu'ils
soient prêtés au métayer qui lève la récolte. — A
Rabastens, le métayer entrant est même tenu de
prêter au métayer sortant les attelages nécessaires
aux opérations du battage; partout les bestiaux sont
prêtés pour le transport des gerbes; le métayer
nouveau a le droit de les conduire, mais alors il est
nourri par l'ancien. — A Lisle, le métayer sortant
est tenu de revenir pour exécuter les prestations
non faites avant sa sortie, mais avec les bestiaux
présents,

Les droits du métayer entrant sont les suivants :
Il a le droit de jeter des graines de fourrages sur
les blés pendant par racines, comme aussi de semer
la partie qu'il juge utile en fourrage sur les chaumes dans le printemps qui précède son entrée ; il
a aussi le droit de surveiller l'engrangement des
fourrages à mesure des récoltes ; il a le droit de
semer le lin, farrouch, sur les terres libres et de
faire toutes les semailles hâtives d'automne ainsi que
le jardinage ; il est obligé de faire les meules de
paille au moment de la dépiquaison ; il doit faire
l'inventaire et estimation des cabaux, charrettes,
avec le métayer entrant ; il va faire la feuillée ou
ramée à l'automne pour l'année suivante.

A Mazamet, il est obligé de faire les fossés d'irri-
gation des prés et de garder le troupeau depuis la
St-Jean, époque de l'estimation des troupeaux ; à
St-Amans-Soult, il a droit à la dépaissance quand
il reçoit les troupeaux, mais non dans les prairies ;
à Graulhet, il a le droit de venir faucher sa part
de prairies artificielles et naturelles ; à Anglés, il
prend à sa charge le troupeau à partir du 15 août ;
à Brassac, il a le droit de faire arroser les prés ;
à Labruguière, dans la plaine, il a le droit d'amener
son troupeau avant son entrée dans les chaumes et
pâturages à partir du 1er septembre.

34° Comment sont partagés, à la sortie du métayer :
  Les fourrages ?
  Les pailles ?
  Les engrais ?

Les fourrages, pailles et engrais sont répartis, à
la sortie du métayer, comme suit :
  1° Les fourrages sont partagés par moitié, à Albi,
Monestiés, Valdériés, Lautrec, Gaillac ; à Gaillac et

à Lisle, il doit en être laissé les deux tiers à l'entrant
et un tiers pour le sortant; à Montmiral, par moitié,
mais au moment de l'engrangement; à Alban, Pampelonne, Valence, Mazamet, St-Amans-Soult, Cordes
et Vaour, ils ne se partagent pas, le métayer laisse
à sa sortie tous ceux qui ne sont pas consommés;
les deux tiers des fourrages restent au métayer
entrant, à Vielmur, Lavaur, Cuq-Toulza, Puylaurens, St-Paul, Labruguière, Réalmont, Graulhet,
Castres, Salvagnac; dans ces trois derniers cantons,
les crêtes de millet sont consommées par le métayer
sortant, les pieds restent à l'entrant; à Lisle, les
crêtes de millet appartiennent, un tiers au sortant
et les deux tiers à l'entrant; il en est de même des
pailles; dans ce même canton, les frais d'emmaga-
sinement, plâtrage, fauchage, sont payés par l'un
ou par l'autre dans la même proportion; quelquefois,
à Réalmont, il laisse une quantité égale de fourrages
à celle qu'il a trouvée en entrant; à Villefranche,
le métayer sortant laisse les trois quarts des fourrages; à Anglés, l'excédant des fourrages non consommés se partage à la sortie; à Brassac, le
métayer sortant a droit à 424 kil. de foin par paire
de travail; à Lacaune, à 320 kil.; à Murat, à 400
kil.; à Vabre, à 450 kil.; ce qui n'est pas consommé,
dans ces derniers cantons, appartient au métayer
entrant; à Montredon, dans la partie du canton où
l'entrée du colon a lieu le 1er novembre, il est remis
au métayer sortant, pour nourrir ses bestiaux, 400
kil. de fourrage pour chaque paire de labour; dans
celle où l'entrée a lieu le 11 novembre, la quantité de
fourrage remis au métayer sortant est d'un tiers de
celui qui a été récolté; à Roquecourbe, le métayer
sortant doit laisser les trois quarts des fourrages;
dans une autre partie du canton, à Lacrouzette et
à Burlats, il doit retenir seulement 500 kil. par paire
de labour; à Cadalen, les deux tiers des fourrages
de toute nature appartiennent au métayer entrant,

l'autre tiers doit être consommé sur le bien, le colon peut consommer en vert tous les fourrages qui lui sont nécessaires; à Rabastens, le métayer a droit à la moitié de ceux par lui semés et au tiers seulement des autres; à Lisle, les fourrages en vert sont au métayer sortant.

2° Les pailles restent sur le bien dans presque tous les cantons, sauf les précisions suivantes pour quelques cantons : à Castres, elles sont partagées comme les fourrages, le métayer entrant doit en avoir les deux tiers; à Brassac et à Vabre, le métayer sortant ne doit consommer que le sixième des pailles de seigle pour la nourriture ou la litière des bestiaux; il en est de même à Lacaune dans six communes; dans les deux autres, le sixième est réduit au neuvième; à Montredon, les métayers sortant au 1er novembre ont droit à un cinquième de la paille, et ceux qui sortent le 11 novembre au tiers; à Roquecourbe, le métayer sortant laisse les trois quarts de la paille; à Vielmur, un tiers des pailles seulement appartient au métayer sortant; à Lavaur, le métayer sortant ne touche pas la paille récoltée dans l'année de la sortie; néanmoins, en cas de nécessité, il peut en utiliser le quart.

3° Les engrais restent sur le bien, ils sont répandus sur le domaine par le métayer sortant.

35. En cas de vente de tout ou partie de la métairie, quels sont les droits du métayer ?

La vente du domaine ne change pas la situation du métayer, il conserve ses droits tels qu'ils étaient avant la vente vis-à-vis du nouveau propriétaire; si une partie seulement du domaine est vendue, il a le droit de demander une indemnité à son ancien propriétaire, cela dans tous les cantons.

36° Le métayer contribue-t-il à l'entretien des bâtiments de la ferme ?

Le métayer ne contribue à l'entretien des bâtiments de la ferme que pour les charrois et transports de matériaux ; il ne pourrait même être contraint d'y contribuer, sans indemnité, pour les grandes constructions de création nouvelle.

37° Le bail à colonage prend-il fin par la mort du métayer ?

Le bail à colonage ne prend pas fin par la mort du métayer, si les survivants sont capables d'exploiter la métairie.

38° Quels sont les droits du métayer sortant :
    Sur les prairies artificielles ?
    Sur les vignes par lui plantées ?
    Sur les terres incultes par lui défrichées ?

Les droits du métayer sortant sont les suivants :
1° Sur les prairies artificielles, à Albi, Valdériés, Villefranche, il ne peut prendre aucun fourrage, la graine produite par le fourrage se partage par moitié ; si, l'année de la sortie, il a fourni la moitié de la semence du fourrage, cette moitié doit lui être remboursée ; à Cordes, s'il a trouvé du fourrage artificiel en entrant, il en laisse en sortant ; à Brassac, le métayer fait consommer en vert, le reste est engrangé pour le nouveau métayer ; à Dourgne, la première coupe est consommée en vert, le reste se partage comme les prés ; les graines se partagent ; à Lautrec, le métayer prend le tiers de la récolte

à sa sortie; à Roquecourbe et à Lisle, le métayer
fait pacager les bestiaux après les deux premières
coupes; à Cadalen, il n'a pas le droit de défricher
les sainfoins qui sont assimilés aux prairies; à
Rabastens, il peut défricher les trèfles d'un an, les
esparcets ou sainfoins de trois ans, les grandes
luzernes de sept ans, s'il les a lui-même semées; à
Lavaur, le métayer ne peut défricher que les prairies tombées en dépérissement; à Graulhet, il peut
défricher les luzernes de trois ans et les trèfles de
deux ans; il peut réclamer au métayer entrant la
moitié de la semence des trèfles, luzernes ou esparcets au-dessous de cet âge; à Réalmont, le métayer
a le droit de consommer sur le bien la moitié des
prairies artificielles; ce qui reste à sa sortie est
partagé; à Labruguière et à Montmiral, le métayer
peut faire pacager les bestiaux dans les prairies
artificielles, si leur ensemencement remonte à un an;
à Cuq-Toulza et à Puylaurens, les fourrages artificiels appartiennent pour un tiers au métayer sortant, les deux autres tiers sont réservés au métayer
entrant; à St-Paul, le métayer prend un tiers sur
la première coupe; les suivantes, il les partage avec
le maître.

Aucun autre usage n'est constaté dans le reste
des cantons.

2º Le métayer sortant a les droits suivants sur
les vignes par lui plantées : dans le plus grand
nombre des cantons, il n'est pas d'usage que le
métayer plante la vigne à ses frais, il y a des exceptions pour quelques uns; à Lisle, si la vigne n'a
pas encore donné de fruits au profit du métayer, et
si le maître n'a pas concouru aux frais de plantation,
il y a lieu à indemnité au profit du métayer, pro-
portionnellement aux frais exposés par lui, mais en
tenant compte des droits du maître sur le travail du
colon; à Salvagnac, lorsque le métayer plante la
vigne, il a la totalité du produit pendant sept ans

s'il reste dans la métairie, sauf indemnité, s'il sort
avant; à Lavaur, le métayer a droit à une indemnité,
à moins qu'il n'ait joui de la vigne pendant cinq
ans à partir du moment où elle a commencé à
produire; à Graulhet, l'indemnité est fixée par une
expertise; à St-Paul, il partage la récolte avec le
métayer après cinq ans de la plantation.

3° Le métayer sortant n'a, sur les terres incultes
par lui défrichées, que le droit de prendre la récolte
de l'année qui le concerne, comme pour les autres
terres du domaine, excepté qu'il ne se retire sans
pouvoir prendre aucune récolte, du moins à Lavaur
et à Lisle; alors il lui est dû une indemnité; il n'a
aucun droit à Albi, Alban, Monestiés, Pampelonne,
Valdériés, Valence, Anglés, Lacaune, Montredon,
Murat, Vabre, Vielmur, Cordes, Rabastens, Vaour;
il n'y a pas d'usage à Lautrec, Roquecourbe,
Castres.

39° Le métayer sorti qui vient lever la récolte
    A-t-il droit au logement ?
    Peut-il se servir des bestiaux de la métairie ?

Le métayer sorti qui vient lever la récolte :
1° A droit au logement dans tous les cantons, sauf
dans ceux qui suivent : à Albi et à Valdériés, pour
le ménage et non pour coucher; à Gaillac, il a
droit à une chambre; à Dourgne, Lautrec, Rabastens, c'est une tolérance; à Castres, il n'existe aucun
usage à cet égard; à Mazamet, on permet au nouveau
métayer de coucher dans les granges; à Lavaur, le
nouveau métayer doit à l'ancien le logement et toutes
les facilités compatibles avec les circonstances pour
faire la récolte; le droit au logement n'est pas
reconnu et n'est pas en usage à Vielmur, Brassac,
Montmiral, Cordes, Cuq-Toulza.

2º Le métayer sortant peut se servir des bestiaux, mais seulement pour le transport des gerbes à l'aire dépicatoire, dans la généralité des cantons ; ils sont, en général, conduits par le nouveau métayer, qui est nourri par l'ancien ; néanmoins, à Vabre, c'est le métayer entrant qui doit faire le transport ; Cordes est le seul canton où le métayer nouveau n'est pas tenu de fournir les bestiaux à l'ancien pour le transport des gerbes.

40° Le métayer sortant peut-il se servir pour son déménagement des bestiaux et des charrettes de la métairie ?

Le métayer sortant peut se servir, pour son déménagement, des bestiaux et des charrettes de la métairie dans tous les cantons, sauf ceux de Pampelonne, Montredon et St-Amans-Soult ; à Vielmur, il peut s'en servir s'il ne sort pas du canton ; à Dourgne et à Montmiral, il ne peut s'en servir qu'avec la permission du maître ; à Labruguière et à Lisle, seulement avant l'estimation des bestiaux ; à Mazamet, lorsque les effets ne sont pas transportés à une grande distance.

41° Quels sont les droits et les obligations des enfants du métayer habitant avec lui dans la métairie, après le décès de leur père ?

Les droits et les obligations des enfants du métayer habitant avec lui dans la métairie, après le décès de leur père, sont les mêmes, dans les divers cantons, que les droits et les obligations de leur père.

42° Quels sont les droits et les obligations des enfants
du métayer non habitant avec lui, après le décès de
leur père ?

Les droits des enfants non habitant avec le père
ne sont autres que ceux qui découlent de leur qualité
d'héritiers ; ils ne sont évidemment tenus à rien
vis-à-vis du propriétaire, du moins en ce qui concerne la culture.

43° Comment sont constatés les comptes entre le maître
et le métayer ?

Les comptes entre le maître et le métayer sont
constatés comme suit dans les divers cantons : dans
les cantons d'Albi, Alban, Réalmont, Valdériés, Valence, Villefranche, Lautrec, Roquecourbe, Gaillac,
Cadalen, Rabastens, Salvagnac, Cuq-Touza, Graulhet,
St-Paul, ils sont constatés par des carnets tenus en
double, dont l'un reste entre les mains du maître,
l'autre à la possession du métayer ; dans les cantons
de Monestiés, Vabre, Lavaur, Vaour, par un carnet
aussi tenu en double, souvent par un seul carnet
tenu et gardé par le maître ; dans tous les autres
cantons, ils sont constatés par des livrets tenus par
le maître seulement.

44° Comment est payé le forgeron ?

Le forgeron est payé par le métayer, dans les
divers cantons du département, de la manière suivante :
Il est payé en grains et par le métayer, à Vabre,
Lisle, Rabastens, Cuq-Toulza, Lavaur, St-Paul,

Puylaurens; il en est de même à St-Amans-Soult, sauf la ferrure des vaches, qui est payée par moitié avec le maître; à Cadalen, il est payé par moitié dans la partie du canton où les charrettes appartiennent au maître; dans l'autre partie, tout est à la charge du métayer; à Salvagnac, par le métayer, qui se libère en denrées pour l'entretien des outils et en argent pour les outils neufs; à Graulhet, il est payé par le métayer en argent ou en grains.

Dans tous les autres cantons du département, il est payé par moitié au moyen d'un prélèvement en grains sur le tas avant le partage.

45° Prélève-t-on sur le tas de blé quelque chose :

Pour l'église ?

Pour le carillonneur ?

On n'opère sur le tas de blé aucun prélèvement :

1° Pour l'église, dans les divers cantons du département, sauf les exceptions suivantes : à savoir, dans les cantons de Mazamet, Vaour, Graulhet, et dans la majeure partie des paroisses du canton de Brassac; dans le canton de Labruguière, aucun prélèvement n'est d'usage, néanmoins, le curé, le sacristain et le carillonneur réclament un don qu'on leur accorde suivant les facultés de chacun.

2° Il n'est rien prélevé pour le carillonneur dans les cantons, sauf à Albi, Brassac, Mazamet, Montredon, Roquecourbe, Cordes, Vaour, Graulhet, Montmiral; dans ce dernier canton, il est prélevé dix litres de blé.

46° En cas d'incendie. le métayer est-il responsable?

Le métayer n'est pas reconnu responsable dans les divers cantons, à moins que ce ne soit par une faute grave de sa part.

CHAPITRE V.

BAIL D'UN JARDIN, — D'UNE TERRE.
BAIL A COMPLANT.

1° A quelle époque le bail d'un jardin
  Commence-t-il ?
  Prend-t-il fin ?

2° Pour quel temps le bail a-t-il lieu ?

3° Quelles sont les conditions principales de ce bail ?

4° A quelle époque le congé doit-il être donné ?

5° Le congé doit-il être donné par écrit ?

6° Par qui sont payées les contributions ?

7° Quand commence et prend fin le bail d'une récolte
à faire sur une terre ?

8° Pour quel temps ce bail a-t-il lieu ?

9° Qui fournit :
  La semence ?
  Les engrais ?

10° Par qui est payée la contribution ?

11° Qui fournit les bêtes de labourage et les instruments d'agriculture ?

12° Comment se partagent :
   Les récoltes ?
   Les pailles ?

13° Un congé est-il nécessaire ?
   Quand doit-il être donné ?

14° Lorsqu'on donne une récolte à lever :
   Quelle quotité de grain prend l'ouvrier ?
   Quels travaux sont à sa charge ?

15° Dans le bail à complant d'une vigne, comment se partagent les fruits ?

16° Pour quel temps le bail a-t-il lieu ?

————

1° A quelle époque le bail d'un jardin
   Commence-t-il ?
   Prend-il fin ?

Le bail d'un jardin, d'une terre, d'un complant, commence et finit le 11 novembre à Réalmont, Montmiral, Rabastens; le 30 novembre, à Albi; à Gaillac, à toutes les époques de l'année, ordinairement à la St-André: à Graulhet, du 11 au 30 novembre; le 1er novembre, à Alban, Villefranche, Brassac, Valdériés, Dourgne, Montredon, Mazamet, Roquecourbe, Vabre, Lavaur; du 1er mai au 1er novembre, à Castres; au mois d'août, à Vielmur; le 29 septembre, à Murat: au mois de mars, à Valence; à St-Amans-Soult, en septembre; à Lisle, en tout temps, le plus souvent en septembre.

Pas d'usage pour les autres cantons.

2° Pour quel temps le bail a-t-il lieu ?

Le bail a lieu pour un an, à Albi, Alban, Réalmont, Valdériés, Valence, Castres, Anglés, Brassac, Lacaune, Mazamet, Montredon, Murat, Roquecourbe, St-Amans-Soult, Vabre, Vielmur, Gaillac, Lisle, Montmiral, Lavaur, Graulhet, Villefranche; pour trois, six ou neuf ans, à Dourgne et Rabastens.

Pas d'usage pour les autres cantons.

3° Quelles sont les conditions principales de ce bail ?

Les principales conditions de ce bail sont :

A Albi, le jardinage est partagé par moitié entre le propriétaire et le colon; lors de l'entrée, il est fait une estimation du jardinage pendant par racines, et le jardinier entrant fait compte au jardinier sortant de la moitié de la valeur de cette récolte; à Alban, Gaillac, Montmiral, les conditions sont de jouir en bon ménager et bon père de famille; à Réalmont, on estime la valeur de la production en terre à la sortie, la valeur laissée doit être égale; en défaut, on supporte par moitié la plus-value ou la perte; le preneur entrant règle avec le jardinier sortant à une certaine époque, telle que le mois d'août; le jardinier sortant doit laisser libre la partie du jardin dont l'ensemencement est fait à cette époque pour être récoltée en hiver; en défaut, et si le jardinier sortant profite d'un temps plus long, l'indemnité est fixée par expert; le maître reçoit le prix du bail, soit en argent, soit en portion de fruits, le plus souvent la moitié est vendue au marché; à Valdériés, le bailleur a droit à la moitié des récoltes, il doit fournir la moitié de la semence; à Valence, Villefranche, Lacaune, Murat, on laisse les jardins en sortant en l'état où on les a trouvés en entrant; à Castres, le fumier est acheté ou fourni par le propriétaire, les frais de transport sont supportés par le jardinier, toutes les récoltes sont partagées par moitié; à Anglés, le preneur doit les bien fienter et les rendre dépouillés de toute récolte ; à Dourgne, à l'entrée en jouissance, on évalue les plantes qui se trouvent dans le jardin; une nouvelle estimation est faite à la sortie et on se rend compte de la différence; à Labruguière et Rabastens, le bail est tantôt donné à moitié fruits, tantôt moyennant une certaine somme d'argent; à Mazamet, le preneur doit payer le fermage en argent par semestre, terme échu; à Roquecourbe, le preneur jouit en pleine liberté et il n'est rien stipulé pour les engrais; à St-Amans-Soult, le jardinier doit payer le prix du bail, moitié à la St-Jean, moitié à la St-Michel; à Vabre, le prix de la location est toujours fixé d'avance; à Lisle, le jardinier partage par moitié avec le propriétaire tous les produits du jardin, à l'exception des fruits des arbres et des treilles réservés ordinairement pour le maître; le jardinier congédié revient dans tous les cas prendre la moitié des récoltes semées par lui et non venues à maturité lors de sa sortie; en général, le maître fournit le fumier; à Lavaur, les fruits sont partagés par moitié, les graines et les fumiers sont fournis de la même manière, l'impôt est payé par le maître; lors de son entrée, le jardinier rembourse au propriétaire la moitié de la valeur des récoltes pendantes et il reçoit la moitié des fruits pendants au temps de sa sortie; à Graulhet, les produits du jardin sont partagés par moitié, les fumiers sont achetés par moitié.

Pas d'usage pour les autres cantons.

4· A quelle époque le congé doit-il être donné?

Le congé doit être donné, à Valdériés, Valence, Villefranche, Brassac, Vielmur, Castres, Anglés, Dourgne, Labruguière, Lacaune, Murat, Vielmur, Mazamet, trois mois à l'avance; à Albi, Gaillac, Lavaur, six mois à l'avance; à Rabastens, le 10 mai au plus tard; à Réalmont, avant le 11 mai; à Montmiral, le 11 mai avant l'expiration du bail; à St-Amans-Soult, le 24 juin; avant le 1er août, à Alban, Montredon, Roquecourbe; le 1er août, à Graulhet; à Vabre, fin d'année; à Lisle, il peut être donné en tout temps et à bref délai; à Vaour, comme pour une autre propriété rurale.
Pas d'usage pour les autres cantons.

5· Le congé doit-il être donné par écrit?

Oui, à Albi, Alban, Brassac, Dourgne, Lacaune, Montredon, Murat, Vabre, Vaour, Lavaur; oui ou devant témoins, à Villefranche, St-Amans-Soult, Montmiral; par huissier, à Gaillac et Rabastens; non, à Réalmont, Valdériés, Valence, Anglés, Mazamet, Vielmur, Lisle, Graulhet; non, mais en présence de témoins, à Labruguière, Roquecourbe.

6° Par qui sont payées les contributions?

Les contributions sont payées par le maître, à Albi, Alban, Réalmont, Valdériés, Valence, Villefranche, Castres, Anglés, Brassac, Dourgne, Labruguière, Lacaune, Mazamet, Montredon, Murat, Roquecourbe, St-Amans-Soult, Vabre, Vielmur, Gaillac, Lisle, Montmiral, Rabastens, Vaour, Lavaur, Graulhet.
Pas d'usage pour les autres cantons.

5

7° Quand commence et prend fin le bail d'une récolte à faire sur une terre?

Le bail d'une récolte à faire sur une terre commence au moment de la convention et cesse après la levée de la récolte, à Albi, Valdériés, Roquecourbe, Vaour; il commence au moment où le preneur travaille la terre et finit au moment où la récolte est levée à Alban, Brassac, Labruguière, Lacaune, Murat, Vielmur, Gaillac; le 11 novembre, à Réalmont, Lautrec, Montmiral, Rabastens, Salvagnac; le 1er novembre, à Villefranche, Cuq-Toulza, et à Graulhet, pour les terres données à millet, mais si c'est pour du blé, dans ce dernier canton, ce bail finit avec la coupe; à Valence, il commence à la saison des travaux pour ensemencer et prend fin après l'enlèvement de la récolte; à Anglés, il dure depuis l'ensemencement jusqu'à la levée de la récolte; à Mazamet, il commence au printemps et prend fin après l'enlèvement de la récolte; à Montredon, il commence au mois d'avril et finit à l'enlèvement de la récolte; à St-Amans-Soult, au commencement d'août pour cesser fin septembre; à Cadalen, ce bail ne s'applique qu'à la culture du maïs, il commence au moment des travaux et finit après l'enlèvement de la récolte; à Lisle, il commence dès les premiers travaux et finit après la levée de la récolte, c'est ce qui a lieu pour une récolte de maïs, de chanvre, de pommes de terre, etc., mais il est à grand usage de donner des terres à cultiver à de simples ouvriers qui se trouvent, relativement à la culture, dans une position analogue à celle du métayer; ce genre de bail a quelque consistance et, quoique fait pour un an seulement, il est prolongé par *tacite reconduction;* il commence alors le 30 novembre.

Pas d'usage pour les autres cantons.

8° Pour quel temps ce bail a-t-il lieu ?

Le bail a lieu pour la durée de la récolte, à Albi, Valdériés, Anglés, Brassac, Labruguière, Lacaune; pour une seule récolte, à Monestiés, Cadalen, Montredon; pour un an, à Alban, Valence, Roquecourbe, Gaillac, Montmiral, Rabastens, Salvagnac, Vaour, Cuq-Toulza, Graulhet; à Réalmont, pour un an pour le maïs, pour deux ans, quelquefois, à cause de l'assolement biennal usité dans le pays; à Lisle, pour un an, s'il s'agit d'une récolte en blé, sinon pour le temps nécessaire afin de faire la récolte; à Lavaur, il dure tout le temps nécessaire pour bêcher la terre, semer le maïs, le sarcler, le butter et le cueillir; pour treize à quatorze mois, à Mazamet; pour deux ans, à Villefranche; pour trois ans au moins, à Lautrec; pour cinq mois environ, à St-Amans-Soult; à Vielmur, le temps nécessaire à la maturité de la récolte.

9° Qui fournit :
La semence ?
Les engrais ?

La *semence* est fournie :
Par moitié, à Albi, Monestiés, Valdériés, Labruguière, Cadalen, Cuq-Toulza, Graulhet; par moitié, à Alban, quant au blé; et en entier par le preneur, quant aux pommes de terre; par le propriétaire, à Réalmont, Lacaune, Lautrec, Murat; à Lavaur, par le propriétaire, qui la prélève lors du partage; par le preneur, à Valence, Villefranche, Anglés, Dourgne, Mazamet, Roquecourbe, Saint-Amans-Soult, Vielmur, Gaillac, Montmiral, Rabastens, Salvagnac, Vaour; par le preneur, à Brassac, lorsque les terres

sont de bonne nature, sinon; par le bailleur; à Lisle, par le preneur, ou de moitié, suivant les lieux.

Pas d'usage pour les autres cantons.

Les *engrais* sont fournis :

Par le preneur, à Alban, Valence, Villefranche, Brassac, Dourgne, Roquecourbe, St-Amans-Soult, Montmiral, Rabastens, Salvagnac, Vaour, Cuq-Toulza; par le bailleur, à Monestiés, Réalmont, Anglés, Lautrec, Vielmur, Gaillac, Cordes, Lavaur, Graulhet; à Albi, au sujet des récoltes en blé, les engrais sont fournis par moitié, la paille est partagée dans la même proportion; quant aux récoltes en maïs ou menus grains, les engrais sont fournis par le maître; à Valdériés, ordinairement par le maître, et il prend toute la paille; dans le cas où le preneur les fournirait, il aurait le même droit; à Labruguière, par moitié; à Lacaune, on ne donne que des écobuages sur lesquels on ne met pas d'engrais; à Mazamet, on n'en emploie pas, si ce n'est les cendres de l'écobuage; à Montredon, on n'en use pas, hors le cas où la terre fournit des genêts pour faire une cendrée; à Cadalen, par moitié.

Pas d'usage dans les autres cantons.

10e Par qui est payée la contribution ?

La contribution est payée :

Par le propriétaire, à Alban, Monestiés, Réalmont (le preneur paye un franc par mesurée), Valdériés, Valence, Villefranche, Anglés, Brassac, Labruguière, Lacaune, Mazamet, Montredon, Murat, Roquecourbe, St-Amans-Soult, Gaillac, Cordes, Lisle, Rabastens, Salvagnac, Vaour, Lavaur, Cuq-Toulza, Graulhet; par le preneur, à Montmiral; par moitié, à Lautrec; par le propriétaire, à Vielmur, mais le preneur paye une redevance en argent; par

moitié, à Albi, s'il s'agit de récoltes en blé, par le
maître pour les autres récoltes.

Pas d'usage pour les autres cantons.

11° Qui fournit les bêtes de labourage et les instruments d'agriculture ?

Les bêtes de labourage et les instruments d'agriculture sont fournis :

Par le colon, à Albi, Réalmont, Valdériés, Valence, Villefranche, Dourgne, Labruguière, Lautrec,
Roquecourbe, Saint-Amans-Soult, Gaillac, Cordes,
Montmiral, Rabastens, Salvaguac, Vaour, Cuq-
Toulza ; par le propriétaire, à Alban, Anglés, Mazamet, Vielmur ; par le propriétaire, à Monestiés,
mais pour les travaux de labour seulement ; à Brassac, tantôt par le preneur, tantôt, par le bailleur,
selon les conditions ; à Lacaune, le propriétaire
fournit les bêtes pour le labourage et pour le transport
de la récolte ; les instruments sont fournis par le
preneur ; à Montredon, généralement tout le travail
se fait à bras ; mais si la terre a une importance
suffisante, le propriétaire fournit les bêtes de labourage, etc.; à Cadalen, le maître fournit les bêtes
et les instruments de labourage pour l'ensemencement de la récolte, le colon lui laisse prendre, à
titre d'indemnité, les aigrettes de maïs et fournit
la nourriture ; tous les autres instruments sont
fournis par le colon ; à Lisle, ordinairement les
labours sont faits par un bouvier auquel on aban-
donne les têtes de maïs, le cultivateur doit être muni
de tous les instruments autres que ceux du labour ;
à Lavaur, le maître fournit les bœufs, la charrue
et la charrette ; les autres instruments sont fournis
par le preneur ; à Graulhet, le propriétaire fournit
les bestiaux et prend en compensation tous les fourrages de maïs, et lorsqu'il n'a pas de bestiaux, le

fermier fait faire les travaux avec ces mêmes fourrages; les outils d'agriculture sont fournis par le
preneur.

Pas d'usage pour les autres cantons.

12° Comment se partagent
　　Les récoltes ?
　　Les pailles ?

Les *récoltes* se partagent :

Par moitié, à Albi, Monestiés, Réalmont, Valdériés, Valence, Anglés, Brassac, Labruguière, Lacaune, Lautrec, Montredon, Murat (mais prélèvement fait de la semence), Roquecourbe, Vielmur,
Gaillac, Cadalen, Cordes (pour les menus grains),
Lisle, Montmiral (semence prélevée sur la pile),
Rabastens, Salvagnac, Vaour, Lavaur (le maître
transporte la part du preneur au domicile de celui-ci),
Cuq-Toulza (sinon, le preneur paye un taux fixé en
argent), Graulhet; par moitié à Alban quant aux
grains; en ce qui a trait aux pommes de terre, le
preneur seul en profite; à Villefranche, elles appartiennent au preneur; à Dourgne, le preneur prend
toute la récolte, s'il est fermier; s'il est colon par-
tiaire, il est réglé par les conventions.

Pas d'usage pour les autres cantons.

Les *pailles* se partagent :

Par moitié, à Albi, Valdériés; elles restent au
propriétaire, à Alban, Monestiés, Réalmont, Anglés,
Brassac, Labruguière, Mazamet, Murat, Vielmur,
Gaillac, Cordes, Montmiral, Vaour, Graulhet; à
Valence, on partage les gerbes sur le champ avant
de dépiquer; à Villefranche, elles restent sur le
bien à l'expiration du bail; à Dourgne, la paille
reste au bailleur quand elle n'est pas consommée:
à St-Amans-Soult, ce bail n'a lieu que pour les

pommes de terre; à Lisle, elles restent attachées au champ qui les a produites pour être converties en fumier chez un tiers qui a des bestiaux et rend le fumier résultant de la paille; à Réalmont, Salvagnac, Cuq-Toulza, elles ne se partagent pas, elles sont converties en engrais et jetées sur la terre; à Lavaur, les tiges, les feuilles et les pédoncules du maïs appartiennent au maître.

Pas d'usage dans les autres cantons.

13e Un congé est-il nécessaire ?
Quand doit-il être donné ?.

Non, à Albi, Alban, Valdériés, Valence, Anglés, Brassac, Dourgne, Labruguière, Lacaune, Mazamet, Montredon, Murat, St-Amans-Soult, Vielmur, Gaillac, Cadalen, Cordes, Vaour, Lavaur; à Graulhet, il suffit d'un simple avis verbal donné au partage de la récolte; oui, à Réalmont (autrement, le bail se continue par tacite réconduction), à Villefranche, Lautrec, Roquecourbe, Montmiral, Cuq-Toulza, sinon le bail continue; à Lisle, oui, si le bail est de nature à être prolongé par tacite réconduction, ce qui peut se présumer s'il s'agit d'une récolte en blé; oui, à Rabastens, quand le revenu dépasse 150 fr.

Pas d'usage dans les autres cantons.

Le congé doit être donné, à Réalmont et Rabastens, six mois avant le terme; à Villefranche, Lautrec, Cuq-Toulza, trois mois d'avance; à Roquecourbe, avant le 1er août; à Lisle, au plus tard le 31 mai; à Montmiral, au 11 mai; à Salvagnac, le 10 mai au plus tard qui précède la sortie; à Cuq-Toulza, trois mois avant l'expiration du bail; à Graulhet, au partage de la récolte.

Pas d'usage pour les autres cantons.

14ᵉ Lorsqu'on donne une récolte à lever,
    Quelle quantité de grain prend l'ouvrier ?
    Quels travaux sont à sa charge ?

Lorsqu'on donne une récolte à lever, l'ouvrier prend la quantité de grains comme suit :

Un sixième, à Alban, Lacaune, Murat, Vabre; un septième, à Albi, Valdériés, Valence, Villefranche, Anglés, Brassac, Mazamet, Montredon, St-Amans-Soult, Salvagnac, Cordes; un septième ou un huitième, à Dourgne, Gaillac, Cadalen, Rabastens, Lavaur, Graulhet; un huitième, à Lautrec, Vielmur, Montmiral (pour le blé; quant aux autres grains, cela varie selon la valeur de la récolte), Cuq-Toulza, Puylaurens; à St-Paul, pour les blés, seigle et avoine; un huitième, à Réalmont, si la récolte est bonne, un septième et quelquefois un sixième si elle est mauvaise et embrouillée; un huitième, à Labruguière, si la récolte est bonne; un septième si elle est mauvaise; un huitième, à Roquecourbe, pour le blé et le seigle; un sixième pour le millet; à Lisle, cette quotité varie de un septième à un neuvième, suivant la fécondité du sol et l'apparence de la récolte.

Les travaux à la charge de l'ouvrier sont :

A Albi, le sarclage, la moisson, le battage, le nettoyage, l'engrangement de la paille et le transport du tout chez le maître; à Alban, la moisson et la dépiquaison; à Monestiés, les mêmes, mais le transport et l'engrangement de la paille sont à la charge du propriétaire; à Réalmont, la moisson, le dépiquage, le vannage et le criblage; à Valdériés, la moisson, le battage, le nettoyage et l'engrangement de la paille; à Valence, tous les travaux, depuis et y compris la moisson; il se sert des bestiaux et des charrettes du maître pour le transport de la récolte; à Villefranche, tous les travaux, à partir de la moisson jusqu'à l'engrangement des grains; à Anglés, il moissonne, bat et épure; à Brassac, il fait tous les travaux, excepté les transports, qui sont faits par le propriétaire; il en est de même à Dourgne, toutefois, si le maître fournit le rouleau et les bestiaux pour le traîner, le solatier ne prend que un dixième, mais ce fait n'est pas d'un usage constant comme celui de un septième ou un huitième; à Labruguière, le sarclage, la moisson, la dépiquaison, le vannage et le criblage; à Lacaune, tous les travaux, sauf les transports des gerbes; à Lautrec, il dépique et nettoie la récolte; à Mazamet, il sarcle, moissonne et bat; à Montredon, tout ce qui est nécessaire pour mettre la récolte en état d'être enfermée; à Murat, tous les travaux, sauf le transport des gerbes; à Roquecourbe, sarcler, couper, lier, dépiquer, sarcler le maïs, le chausser, le ramasser et enlever l'enveloppe des épis; à St-Amans-Soult, lever la récolte, la dépiquer et la vanner; à Vabre, il fait tous les travaux, sauf le transport des gerbes; à Vielmur, tous les travaux, depuis la semence jusqu'à ce que le grain soit dans le grenier; à Gaillac, le sarclage, la moisson, la dépiquaison et un aide pour arranger et mettre les gerbes en meule; à Cadalen, tous les travaux, depuis les semailles jusqu'à l'engrangement; à Lisle, tous les travaux, sauf le transport dans le grenier; à Montmiral, tous les travaux jusqu'à l'ensachement; à Rabastens, le sarclage, le sciage, les gerbes, le gerbier et, à l'aide des attelages du maître, le battage, le vannage et le transport au grenier; à Salvagnac, le sarclage, le sciage, la dépiquaison et le nettoyage des grains; à Vaour, les transports sont à la charge du maître; à Lavaur, il fait tous les travaux, le maître n'est chargé que du transport des gerbes sur l'aire dépicatoire; à Cuq-Toulza, le sciage du blé, la mise en javelle, en meule, le dépiquage,

le vannage, le nettoyage, le criblage et le mesurage;
à Graulhet, tous les travaux ultérieurs aux semailles
sont à la charge de l'ouvrier, le propriétaire lui
fournit les moyens de transport; à Puylaurens, couper et battre le blé; à St-Paul, sarcler, couper,
battre, vanner et porter la paille au pied de la
meule.

Pas d'usage dans les autres cantons.

15° Dans le bail à complant d'une vigne, comment se
partagent les fruits?

Dans le bail à complant d'*une vigne*, les fruits
se partagent comme suit :

A Albi, le bail dure dix ans, les fruits des sept
premières années appartiennent au planteur, ceux
des trois dernières sont partagés par moitié; à Réalmont, par moitié; à Gaillac, sur neuf ans, le colon
prend la récolte pendant six ans, et dans les trois
dernières années les fruits sont partagés; à Lisle,
le propriétaire fournit le cep pour planter, le colon
bêche le sol, plante la vigne sans pouvoir y semer
du menu grain, il l'entretient, la complète par des
provins et il fait des rigoles dites *rases;* il en prend
tous les fruits pendant six ans, et, la septième année,
la récolte se partage par moitié, après quoi la vigne
revient au propriétaire; c'est au propriétaire à fournir la cuve et les futailles pour sa part de récolte;
à Montmiral, le maître donne les sept premières
années et les autres sont partagées par moitié; à
Rabastens, ils appartiennent en entier au planteur
jusqu'à six ans; à dater de la septième année, le
produit se partage par moitié; la totalité pour le
preneur, à Salvagnac; à Cuq-Toulza, on ne partage
les fruits que sous le colonage; à Graulhet, celui
qui plante la vigne en perçoit les fruits pendant dix

ans; à Puylaurens, le planteur perçoit les fruits pendant cinq ans.

Pas d'usage dans les autres cantons.

16° Pour quel temps le bail a-t-il lieu ?

Le bail a lieu :

A Albi, pour dix ans; à Réalmont, pour un an; à Gaillac, pour sept ou neuf ans; à Montmiral, pour un an, après les premières récoltes; à Rabastens, pour six ans au moins; à Salvagnac, pour sept ans; à Cuq-Toulza, pour un an; à Graulhet, pour dix ans, époque après laquelle la récolte se partage par moitié.

Pas d'usage dans les autres cantons.

CHAPITRE VI.

BAIL A FERME.

1° Les baux à ferme sont-ils établis par acte, ou verbalement ?

2° Pour quel temps ont-ils lieu ?

3° A quelle époque
    Commencent-ils ?
    Prennent-ils fin ?

4° Par qui sont fournis :
    Les cabaux ?
    Les semences ?
    Les instruments aratoires ?

5° Par qui sont payées :
    Les impositions ?
    Les prestations pour les chemins ?
    Les primes d'assurances contre l'incendie et la grêle ?

6° Le prix du bail consiste-t-il en argent, ou en denrées ?

7° Le prix du bail est-il payable :
    Par annuité, ou par semestre ?
    D'avance, ou terme échu ?

8ᵉ Quels sont les droits du fermier :

    Sur les bois à haute futaie ?

    Sur les bois taillis ?

    Sur le bois mort ?

9ᵉ Peut-il défricher :

    Les prairies naturelles ?

    Les prairies artificielles ?

10ᵉ Le preneur est-il tenu d'entretenir :

    Les haies vives ou sèches ?

    Les murs de clôture ?

    Les fossés, rigoles, ruisseaux ?

    Les bâtiments de la ferme ?

    Les instruments d'agriculture appartenant au bailleur ?

11ᵉ A la fin du bail, quelle quantité le fermier doit-il laisser :

    En fourrage ?

    Paille ?

    Engrais ?

    Quelle contenance doit-il laisser en pré ou terre semée en fourrage ?

———

1ᵉ Les baux à ferme sont-ils établis par acte, ou verbalement ?

Par acte, à Albi, Valdériés, Valence, Castres, Anglés, Brassac, Dourgne, Labruguière, Lautrec, Montredon, Roquecourbe, St-Amans-Soult, Cadalen, Cordes, Montmiral, Rabastens, Salvagnac, Cuq-Toulza, Graulhet, Puylaurens, St-Paul; le plus souvent, par acte, à Alban, Réalmont, Mazamet, Vabre, Vaour, Lavaur; verbalement quand il s'agit d'un bail de peu d'importance, à Villefranche et Lacaune; enfin, à Gaillac, par acte et quelquefois verbalement.

Pas d'usage dans les autres cantons.

2° Pour quel temps ont-ils lieu ?

Pour un, trois, six et neuf ans, à Albi, Valdériés, Lacaune; pour trois, six ou neuf ans, à Réalmont, Valence, Villefranche, Castres, Anglés, Dourgne, Mazamet, Montredon, Murat, St-Amans-Soult, Vielmur, Lisle, Rabastens, Vaour, Lavaur, Cuq-Toulza, Graulhet; pour cinq ans, à Alban; pour trois ou six ans, à Labruguière et Lautrec; pour six ou neuf ans, à Gaillac, Cadalen, St-Paul; pour neuf ans, à Salvagnac; pour un an, à Cordes; pour un, deux ou trois ans, à Montmiral.

3° A quelle époque
   Commencent-ils ?
   Prennent-ils fin ?

Ils commencent : le 1er novembre, à Alban, Valdériés, Valence, Villefranche, Castres, Dourgne, Labruguière, Mazamet, Vabre, Vielmur, Lavaur, Cuq-Toulza, St-Paul, Roquecourbe, Burlats, Lacrouzette; le 11 novembre, dans Montfa, St-Jean-de-Vals, St-Germier; le 11 novembre, à Réalmont, Lautrec, Montmiral, Rabastens, Salvagnac; du 11 au 30 novembre, à Graulhet; le 30 novembre, à Albi, Gaillac, Cadalen, Lisle; le 30 septembre au matin, à Anglés; le 1er ou le 11 novembre, suivant les localités, à Montredon; le 29 septembre, à Murat; les 29 septembre et 1er novembre, à St-

Amans-Soult; le 29 septembre, dans certaines communes; le 1er novembre, dans d'autres; à Lacaune, ils prennent fin aux mêmes époques que ci-dessus, sauf à Anglés, où ils finissent le 29 septembre au soir; le 31 octobre, à Labruguière et Mazamet.

Sur les deux questions, pas d'usage dans les autres cantons.

4° Par qui sont fournis :
    Les cabaux ?
    Les semences ?
    Les instruments aratoires ?

Les *cabaux* sont fournis :
Par le fermier, à Albi, Valdériés, Lautrec, Vielmur, Gaillac, Montmiral, Rabastens, Vaour; par le bailleur, à Alban, Réalmont, Valence, Villefranche, Castres, Anglés, Brassac, Dourgne, Labruguière, Lacaune, Mazamet, Montredon, Murat, Roquecourbe, St-Amans-Soult, Vabre, Cadalen; à Lisle, par le propriétaire, mais à la charge par le preneur de laisser à sa sortie une valeur égale; à Salvagnac, aussi par le propriétaire; il en est de même à Lavaur; néanmoins, les bestiaux sont compris dans le bail, on les estime et le preneur est tenu de les rendre dans le même état, ou de fournir la soulte s'ils ont dépéri; à Cuq-Toulza et Graulhet, ils sont fournis par le propriétaire; à St-Paul, ils sont fournis par le propriétaire ou par le preneur.

Pas d'usage dans les autres cantons.

Les *semences* sont fournies :
Par le maître, à Albi, Alban, Réalmont, Valence, Castres, Anglés, Brassac, Dourgne, Mazamet, Montredon, Roquecourbe, St-Amans-Soult, Vabre, Cadalen, Graulhet, St-Paul, Villefranche; néanmoins, dans ce dernier canton le fermier doit les laisser

à sa sortie; à Cuq-Toulza, la première année par le propriétaire, et, dans ce cas, le fermier laisse ensemencée une contenance égale, à son départ.

Les *instruments aratoires* sont fournis :

Par le fermier, à Albi et Réalmont (excepté les charrettes, qui sont estimées au début et à la fin), à Valdériés, Villefranche, Dourgne, Lacaune, Lautrec, Mazamet, Murat, Vielmur, Gaillac, Cadalen, Lisle, Montmiral, Rabastens, Salvagnac, Vaour, Lavaur, Cuq-Toulza, Graulhet (sauf les charrues et les charrettes); par le propriétaire, à Alban, Valence, Castres, Anglés, Brassac, Roquecourbe, St-Amans-Soult, Vabre, enfin, à St-Paul, mais sur inventaire; à Montredon les charrettes appartiennent au bailleur, les autres instruments aratoires au fermier.

Pas d'usage dans les autres cantons.

5° Par qui sont payées :

    Les impositions ?

    Les prestations pour les chemins ?

    Les primes d'assurances contre l'incendie et la grêle ?

Les *impositions* sont payées :

Par le preneur, à Lautrec, Cordes, Lisle, Montmiral, Vaour, Lavaur, Graulhet, St-Paul; par le propriétaire, à Valdériés, Villefranche, Castres, Anglés, Brassac, Dourgne, Labruguière, Lacaune, Mazamet, Murat, St-Amans-Soult, Vabre, Gaillac, Cadalen, Rabastens, Salvagnac, Cuq-Toulza; à Albi, elles entrent dans le prix du bail; à Alban, elles sont payées par le propriétaire ou par le preneur, mais, dans ce cas, en déduction du prix.

Les *prestations* pour les chemins sont payées :

Pour le fermier, à Albi, Réalmont, Valdériés,

Villefranche, Castres, Anglés, Brassac, Dourgne, Labruguière, Lacaune, Mazamet, Montredon, Murat, Roquecourbe, St-Amans-Soult, Vabre, Vielmur, Gaillac, Cadalen, Cordes, Lisle, Montmiral, Rabastens, Salvagnac, Vaour, Cuq-Toulza, Graulhet, St-Paul; par le maître, à Lautrec, Alban, Valence, avec les bestiaux du domaine.

Les *primes* d'assurances contre l'incendie et la grêle sont payées :

Par le fermier, à Albi, Valdériés, Villefranche, Castres, Mazamet, Cadalen, Lisle, Montmiral, Vaour, Lavaur, Graulhet: par le propriétaire, à Alban, Lautrec, Vabre, Rabastens; par moitié, à Brassac et Cuq-Toulza; à Dourgne, par le fermier, excepté en ce qui concerne les bâtiments du domaine; les assurances contre l'incendie sont payées par le propriétaire et celles contre la grêle par le fermier, à Lacaune, Montredon, Murat, St-Amans-Soult, St-Paul, Anglés; à Valence et Gaillac, par le bailleur celles contre l'incendie; à Vabre, Vielmur, les bâtiments par le propriétaire, le mobilier et récolte par le fermier.

Pas d'usage dans les autres cantons.

6° Le prix du bail consiste-t-il en argent, ou en denrées ?

En argent, à Albi, Réalmont, Valdériés, Villefranche, Castres, Anglés, Dourgne, Labruguière, Lautrec, presque toujours; à Mazamet, St-Amans-Soult, Vabre, Vielmur, Gaillac, Cadalen, Cordes, Lisle, le plus souvent; à Montmiral, Vaour, Lavaur, Cuq-Toulza, Graulhet, peu en denrées; à St-Paul, généralement; partie en argent partie en denrées, à Alban, Valence, Brassac, Lacaune, Montredon, Murat, Rabastens, Salvagnac.

Pas d'usage dans les autres cantons.

7° Le prix du bail est-il payable :
    Par annuité, ou par semestre ?
    D'avance, ou terme échu ?

Le bail est payable :
Par semestre, à Albi, Valence, Castres, Anglés, Brassac, Labruguière, Lacaune, Lautrec, Mazamet, Murat, St-Amans-Soult, Vabre, Lisle, Rabastens, Salvagnac, Vaour, Lavaur, Cuq-Toulza, St-Paul; par annuité, à Alban, Valdériés, Villefranche, Gaillac, Cadalen, Montmiral, Graulhet; Réalmont, aussi par annuité, mais quelquefois pas semestre.
Terme échu, à Albi, Alban, Valdériés, Valence, Villefranche, Castres, Anglés, Brassac, Labruguière, Lacaune, Mazamet, Montredon, Murat, St-Amans-Soult, Vabre, Gaillac, Cadalen, Lisle, Montmiral, Rabastens, Lavaur, Cuq-Toulza, Graulhet; d'avance, à Réalmont, Lautrec, Salvagnac, Vaour, St-Paul.
Pas d'usage dans les autres cantons.

8° Quels sont les droits du fermier ?
    Sur les bois à haute futaie ?
    Sur les bois taillis ?
    Sur le bois mort ?

Sur les bois à haute futaie :
Aucun, à Alban, Castres, Brassac, Dourgne, Labruguière, Lacaune, Montredon, Murat, St-Amans-Soult, Vabre, Rabastens, Salvagnac, Lavaur, Cordes; à Albi, aucun, si ce n'est de prendre le mort bois et la dépaissance; il en est de même à Valdériés; à Valence, de prendre les fruits et de ramasser les feuilles pour la litière; à Villefranche, d'émonder les arbres tous les quatre ou cinq ans; à Lautrec, il n'a généralement que le droit d'émondage divisé

en trois coupes; à Mazamet, il ne prend que le mort bois et le bois mort; à Roquecourbe, il prend les émondages; à Vielmur, la dépaissance ainsi qu'à Montmiral; à Gaillac, l'émondage, la dépaissance et le bois sec; à Cadalen, l'émondage, le pacage et le glandage; à Lisle, la dépaissance, le bois mort, l'émondage; à Vaour, la ramée; à Cuq-Toulza, l'émondage et le bois mort; à Graulhet, le glandage et l'émondage; à St-Paul, l'émondage et la dépaissance.

Sur les bois taillis :

L'émondage ordinaire, à Albi, Valdériés, Roquecourbe; il a le droit de le couper, à Alban et Cordes; à Lisle, la dépaissance en temps voulu et le droit de fagotage pour le four; il ne fait que la ramée, sans pouvoir couper d'arbres au pied, à Réalmont; à Valence, d'y amener les bestiaux après cinq ans pour les bêtes à corne, et à trois ans pour les bêtes à laine; aucun, à Castres, Anglés, Brassac, Dourgne, Labruguière, Lacaune, Lautrec, Murat, St-Amans-Soult, Gaillac, Rabastens, Cuq-Toulza; à Mazamet, la dépaissance quand ils sont défensables, ainsi qu'à Lavaur; à Vabre, il fait des fagots seulement pour la nourriture des bêtes à laine et brûle ensuite les fagots; à Vielmur, aucun, sauf la dépaissance; à Cadalen, la dépaissance et l'émondage quand ils ont cinq ans, ainsi qu'à St-Paul; à Montmiral, il a le droit d'y faire des fagots; à Graulhet, il en jouit comme le propriétaire.

Sur le bois mort :

A Albi, aucun sur le bois mort (il peut prendre les arbres fruitiers morts, à la charge de les remplacer par d'autres); à Alban, il en profite, ainsi qu'à Réalmont, Anglés, Vabre, Gaillac, Cadalen, Cordes, Lisle, Montmiral, Rabastens, Vaour, Lavaur; aucun à Valdériés, Castres, Dourgne, Labruguière, Lacaune, Vielmur; à Cuq-Toulza, tout le bois mort naturellement et non par cas fortuit; à

Valence, il les prend pour son chauffage, ainsi qu'à Villefranche, Brassac, Montredon, Murat, St-Amans-Soult; à St-Paul, à Lautrec, il prend tout le bois menu; à Mazamet, il prend le bois mort, si ce n'est un arbre d'une certaine grosseur; à Roquecourbe, il profite des branches mortes, jamais des troncs et des grosses branches; à Salvagnac, toutes les branches mortes seulement, la tige appartient au propriétaire, ainsi qu'à Graulhet.

Pas d'usage pour les autres cantons.

9° Peut-il défricher :
   Les prairies naturelles ?
   Les prairies artificielles ?

Les prairies naturelles :
Non, à Albi, Alban, Réalmont, Valdériés, Valence, Villefranche, Anglés, Brassac, Dourgne, Labruguière, Lacaune, Lautrec, Mazamet, Montredon, Murat, Roquecourbe, St-Amans-Soult, Vabre, Vielmur, Gaillac, Cadalen, Cordes, Lisle, Montmiral, Rabastens, Salvagnac, Vaour, Lavaur, Cuq-Toulza, Graulhet, Puylaurens, St-Paul; à Castres, il le peut, à la charge de les remettre en prairie trois ans avant sa sortie.

Les prairies artificielles :
Oui, en se conformant aux aménagements, à Albi, Labruguière, Salvagnac, Puylaurens, St-Paul; oui, tous les trois ans, à Alban, Brassac, Cuq-Toulza; oui, mais à la sortie il doit en laisser une quantité égale en superficie, à Réalmont, Valence, Lacaune, Vielmur, Lisle, Montmiral, Lavaur; oui, à Valdériés, Villefranche, Castres, Dourgne, Montredon, Murat, St-Amans-Soult, Vabre, Gaillac, Cadalen, Cordes, Rabastens, Vaour; non, à Anglés, excepté s'il les a créées sans y être tenu par les accords du bail; non, à Mazamet et Lautrec; oui, à Roque-

courbe, lorsqu'elles sont épuisées; à Graulhet, il ne peut défricher que les trèfles de deux ans et les luzernes de trois ans, à la charge d'en laisser autant d'ensemencé à sa sortie.

Pas d'usage dans les autres cantons.

10° Le preneur est-il tenu d'entretenir :

Les haies vives ou sèches ?

Les murs de clôture ?

Les fossés, rigoles, ruisseaux ?

Les bâtiments de la ferme ?

Les instruments d'agriculture appartenant au bailleur ?

Les haies vives ou sèches :

Oui, à Albi, Alban, Réalmont, Valdériés, Valence, Villefranche, Castres, Anglés, Brassac, Dourgne, Labruguière, Lautrec, Mazamet, Montredon, Roquecourbe, Vielmur, Gaillac, Cordes, Lisle, Montmiral, Rabastens, Vaour, Lavaur, Cuq-Toulza, Graulhet, Puylaurens, St-Paul; non, à Lacaune, Murat, St-Amans-Soult, Vabre, Salvagnac.

Pas d'usage dans les autres cantons.

Les murs de clôture :

Non, à Albi, Réalmont, Valdériés, Anglés, Brassac, Dourgne, Lacaune, Lautrec, Mazamet, Montredon, Murat, Roquecourbe, Saint-Amans-Soult, Vabre, Vielmur, Montmiral, Salvagnac, Puylaurens, St-Paul; non, à Graulhet, sauf le cas où la dégradation vient du fait du fermier; oui, à Alban, Valence, Castres, Labruguière, Gaillac, Cordes, Rabastens, Vaour, Lavaur, Cuq-Toulza; non, à Lisle, sauf l'écoulement des eaux et l'arrachement des arbrisseaux et des herbes qui pourraient les détériorer.

Pas d'usage dans les autres cantons.

Les fossés, rigoles, ruisseaux :

Oui, à Albi, Alban, Réalmont, Valdériés, Valence, Villefranche, Castres, Anglés, Brassac, Dourgne; à Labruguière, les fossés et les rigoles seulement; oui, à Lacaune, Lautrec, Mazamet, Montredon, Murat, Roquecourbe; à St-Amans-Soult, les rigoles seulement; oui, à Vabre, Vielmur, Gaillac; à Cadalen, les haies vives, les rigoles et ruisseaux; à Cordes, les fossés et les rigoles; oui, à Lisle et Montmiral; oui, à Rabastens, sauf les travaux extraordinaires sur les grands ruisseaux; oui, à Salvagnac, Vaour, Lavaur, Cuq-Toulza, Graulhet, Puylaurens, St-Paul.

Pas d'usage dans les autres cantons.

Les bâtiments de la ferme :

Non, à Réalmont, excepté les réparations locatives; non, à Albi, Valdériés, Lautrec, Mazamet, Montredon, Montmiral, Rabastens, Salvagnac, St-Paul; le preneur fait seulement les charrois des matériaux, à Valence, Brassac, Lacaune, Murat, St-Amans-Soult; non, à Anglés, sauf la toiture des granges, moyennant la fourniture des matériaux par le bailleur; non, à Labruguière, il fait seulement les charrois pour les réparations d'entretien; non, à Roquecourbe, sauf les gouttières; il est tenu des réparations locatives, à Réalmont, Vabre, Vielmur, Lisle, Graulhet, Puylaurens; à Graulhet, les menues réparations; oui, à Alban, Villefranche, Castres, Dourgne, Gaillac, Cordes, Vaour, Lavaur.

Pas d'usage dans les autres cantons.

Entretien des instruments d'agriculture appartenant au bailleur :

Oui, à Albi, Alban, Réalmont, Valdériés, Valence, Villefranche, Castres; oui, à Anglés, moyennant la fourniture du bois; oui, à Brassac, Dourgne, Labruguière, Lacaune, Lautrec, Mazamet; oui, à

Montredon, il doit entretenir ceux qu'il a reçus ; à Murat, les charrettes, les charrues et herses ; oui, à St-Amans-Soult, Vabre, Vielmur, Gaillac, Cordes ; oui, à Lisle, s'il lui en a été fourni, ce qui serait une exception ; oui, à Montmiral, Rabastens, Vaour, Lavaur, Cuq-Toulza, Graulhet, St-Paul ; à Salvagnac, le bailleur n'en fournit pas ; à Roquecourbe, ils sont estimés au commencement du bail ; le preneur doit les rendre de même valeur à la fin.

Pas d'usage dans les autres cantons.

11° A la fin du bail, quelle quantité le fermier doit-il laisser :

> En fourrage ?
>
> Paille ?
>
> Engrais ?
>
> Quelle contenance doit-il laisser en pré ou terre semée en fourrage ?

En fourrage :

La quantité qu'il a trouvée en entrant, à Albi, Alban, Réalmont, Valdériés, Villefranche, Castres, Dourgne, Montredon, Vielmur, Cadalen, Cordes, Lisle, Rabastens, Salvagnac, Vaour, Lavaur, Cuq-Toulza, St-Paul ; tout, parce qu'il prend tout en entrant, à Valence, Lautrec, St-Amans-Soult ; à Anglés, tout, excepté 400 kilog. par paire de labour, ainsi qu'à Murat ; à Brassac, tout, excepté 480 kilog. par paire de labour ; à Lacaune, tout, sauf 320 kil. par paire de labourage ; à Mazamet, tout, excepté 500 kilog. par paire de labourage qui lui sont remis après la fauchaison pour la nourriture du bétail jusqu'au 1er novembre ; à Vabre, il reçoit à la récolte 450 kilog. de fourrage par paire de labour, un sixième de la paille, et il doit laisser tout le surplus ; à Roquecourbe, les trois quarts, à moins d'évaluation en entrant de la quantité reçue; dans ce cas, il a à laisser une quantité égale; à Montmiral, la moitié de ceux récoltés dans l'année de la sortie; à Graulhet, les deux tiers des fourrages secs et engrangés; il doit laisser aussi tous les fourrages des pieds de millet dits *calossès;* à Labruguière les deux tiers de ceux récoltés.

Paille :

A Albi, toute la paille qu'il n'a pas consommée et, dans tous les cas, une quantité au moins égale à celle qu'il a trouvée; la quantité qu'il a reçue en entrant, à Valdériés, Valence, Castres, Dourgne, Montredon, Cadalen, Cordes, Lisle, Lavaur, St-Paul, Vielmur; les trois quarts, à Alban, Roquecourbe; la totalité, à Réalmont, St-Amans-Soult, Gaillac, Salvagnac, Cuq-Toulza, Graulhet, Puylaurens; elles restent au bien, à Villefranche; à Anglés, tout, excepté un douzième qu'il convertit en engrais; à Brassac, tout, excepté cinq sixièmes de celle de seigle; à Labruguière, tout, sauf celle nécessaire à la nourriture et à la litière des bestiaux; à Lacaune, tout, sauf un sixième dans certaines communes et un neuvième dans d'autres; à Mazamet, tout, excepté celle nécessaire pour la litière, évaluée à un huitième; cette paille est remise au fermier lors du battage; à Murat, celle récoltée, sauf celle réservée pour les bestiaux les jours de pluie; à Vabre, même usage que pour les fourrages; la moitié, à Montmiral; à Vaour, elle reste au propriétaire.

Pas d'usage dans les autres cantons.

Engrais :

A Albi, tous, ainsi qu'à Réalmont, Valdériés, Villefranche; à Castres, ils doivent être tous jetés en terre avant sa sortie; tous, à Anglés et Dourgne; à Labruguière, ils sont tous mis en terre; à défaut, ils appartiennent au bailleur ; tous, à Lacaune, Lautrec, Mazamet, Murat, Roquecourbe, St-Amans-Soult, Gaillac, Montmiral, Rabastens, Salvagnac, Vaour, Cuq-Toulza, Graulhet ; une quantité égale à celle reçue en entrant, à Valence, Cadalen, Cordes, Lavaur, St-Paul ; à Brassac, ils lui appartiennent jusqu'au jour de sa sortie pour mettre les récoltes en terre ; à Montredon, il n'est tenu de laisser que les fumiers qui ont été produits par les animaux, à dater du jour de l'estimation, connue sous le nom de *issac;* à Vabre, les engrais sont entièrement à sa disposition ; à Lisle, le fermier peut les employer sur le bien.

Pas d'usage dans les autres cantons.

En pré ou terre semée en fourrage :

A Albi et Roquecourbe, celle qui ressort des assolements ; une quantité égale à la superficie trouvée ensemencée en entrant, à Réalmont, Valdériés, Valence, Villefranche, Castres, Anglés, Lacaune, Lautrec, Mazamet, Montredon, Murat, St-Amans-Soult, Vabre, Vielmur, Cadalen, Cordes, Montmiral, Rabastens, Salvagnac, Vaour, Lavaur, Graulhet, St-Paul ; à Cuq-Toulza, un quart de la contenance du bien en terre labourable ; à Brassac, tous les prés et les fourrages qui n'ont pas trois ans, ou la quantité réglée par le bail ; à Labruguière, il doit laisser tous les prés en nature et la même *quantité* de terre semée en fourrage qu'il a trouvée en entrant ; à Lisle, quant aux prés, ceux qu'il a trouvés à son entrée ; quant aux fourrages, une quantité équivalant en nature et en contenance à celle qui lui a été baillée.

Pas d'usage dans les autres cantons.

CHAPITRE VII.

BAIL A LOYER.

1° Pour quel temps le bail était-il censé fait :
    D'un appartement ou d'une maison meublée ?
    D'un appartement ou d'une maison non meublée ?
    D'une chambre garnie ?
    D'un magasin ou boutique ?
    D'une usine ?

2° Le bail est-il fait par écrit ?

3° Le prix du bail est-il payable d'avance ou à termes fixes ?

4° A quelle époque le congé doit-il être donné :
    D'une maison ou d'un appartement meublé ?
    Non meublé ?
    D'une chambre garnie ?
    D'un magasin ou boutique ?
    D'une usine ?

5° Le congé est-il donné par écrit, ou devant témoins ?

6° Quelles sont les réparations locatives à la charge du preneur ?

7° Quel est l'usage pour les loyers consentis :

Aux fonctionnaires publics ?

Aux militaires ?

8° Quelles impositions sont à la charge du locataire !

9° Est-il d'usage que les sous-locataires payent avant le terme échu ou commencé, de telle sorte qu'on ne puisse regarder les payements ainsi réalisés comme faits par anticipation (1753, Code civil) ?

———————

1° Pour quel temps le bail était-il censé fait :

D'un appartement ou d'une maison meublée ?

D'un appartement ou d'une maison non meublée ?

D'une chambre garnie ?

D'un magasin ou boutique ?

D'une usine ?

Pour un appartement meublé ou non meublé, le bail est censé fait :

A Albi, pour six mois (un an à la campagne); à Réalmont, pour un temps égal au mode de paye-ment mensuel, trimestriel ou annuel; non meublé, pour un an; à Lautrec : le premier, six mois; le second, trois mois; à Mazamet : le premier, pour un mois; le second, un an pour les loyers impor-tants; trois mois pour les autres; à Rabastens, trois mois pour les deux; à Puylaurens, un mois pour le premier, trois mois pour le second; pas d'usage pour la première question et un an pour la seconde, à Pampelonne, Roquecourbe, St-Amans-Soult, Vabre, Vielmur, Cordes, Montmiral, Salva-gnac, St-Paul; à Graulhet, pas d'usage pour la première question, et trois mois, six mois ou un an pour la seconde; pour les autres cantons, un an pour l'appartement meublé ou non meublé; à Dourgne et à Cadalen, pas d'usage quant aux deux questions.

Pour une chambre garnie :

Un mois, à Albi, Monestiés, Villefranche, Castres, Labruguière, Lautrec, Mazamet, St-Amans-Soult, Vabre, Gaillac, Cordes, Lisle, Rabastens, Lavaur, Graulhet, Puylaurens; pas d'usage dans les autres cantons, sauf à Alban, où le bail est pour un an, à Réalmont, pour un mois, trois mois ou un an.

Pour un magasin, boutique ou usine :

Un an, à Albi, Villefranche, Castres, Anglés, Brassac, Labruguière, Lacaune, Mazamet, Murat, Cordes, Lisle, Vaour, Cuq-Toulza, Graulhet, Montredon, Roquecourbe, Vabre, Montmiral, St-Paul; à Alban, un an pour les boutiques, pas d'usage pour les usines; Monestiés, un an pour les boutiques, trois ans pour les usines; à Gaillac, Salvagnac, Réalmont, un an pour les boutiques, trois, six ou neuf ans pour les usines; à Valdériés, pas d'usage pour les magasins, un an pour les usines; à Castres, six mois pour les magasins, un an pour les usines, à St-Amans-Soult, un an pour les magasins, six ans pour les usines; à Puylaurens et Rabastens, trois mois pour les magasins, un an pour les usines.

Pas d'usage dans les autres cantons.

2° Le bail est-il fait par écrit ?

Le bail est en général verbal; il n'est écrit que pour les baux importants.

3° Le prix du bail est-il payable d'avance, ou à terme fixe ?

Le bail est payable :

Terme échu, dans le cantons d'Alban, Valdériés, Valence, Villefranche, Anglés, Brassac, Montredon, Murat, St-Amans-Soult, Vabre, Cadalen; il est payable d'avance dans tous les autres cantons, sauf les exceptions suivantes : à Lacaune, la moitié en entrant, la moitié en sortant; pas d'usage à Mazamet, Roquecourbe, Cordes.

4° A quelle époque le congé doit-il être donné :
    D'une maison ou d'un appartement meublé ?
    Non meublé ?
    D'une chambre garnie ?
    D'un magasin ou boutique ?
    D'une usine ?

Le congé doit être donné :

Pour une maison ou appartement meublé ou non meublé, trois mois avant l'expiration du bail dans tous les cantons, sauf les exceptions suivantes : à Réalmont, six mois à l'avance; à Villefranche, un mois; à Castres, pour un loyer de 200 fr. et au-dessus, six mois; de 150 fr., quatre mois; de 120 fr., trois mois; à Mazamet, un mois à l'avance pour la maison ou appartement meublés; trois mois pour les loyers sans meubles; à Gaillac, un mois pour les premiers, six mois pour les seconds; à Lisle, six mois pour les deux; à Montmiral, pas d'usage pour la première, six mois pour la seconde; à Lavaur, six mois quand le bail est fait pour un an; à Dourgne et Pampelonne, pas d'usage pour l'appartement meublé, trois mois pour celui qui ne l'est pas; à Lautrec, six mois pour le premier, trois mois pour le second; à Puylaurens, un mois pour le premier, trois mois pour le second.

Pour une chambre garnie :

Trois mois à l'avance dans tous les cantons, sauf les exceptions suivantes : à Albi, Villefranche, Labruguière, Vabre, Gaillac, Graulhet, quinze jours à l'avance; à Monestiés, pour un temps moral laissé à l'appréciation du juge; à Réalmont, avant l'expiration de la moitié du terme; un mois à l'avance, à Villefranche, Lautrec, Mazamet, Cordes, Saint-Amans-Soult, Rabastens, Lavaur, Puylaurens ; à Lisle, six mois à l'avance lorsque le bail est pour l'année, quinze jours lorsqu'il est au mois; pas d'usage dans les cantons de Pampelonne, Valdériés, Anglés, Dourgne, Montredon, Roquecourbe, Cadalen, Montmiral, Salvagnac, St-Paul.

Pour un magasin ou boutique :

Trois mois d'avance dans tous les cantons, sauf les exceptions suivantes : six mois, à Albi, Réalmont, Castres, Lautrec, Gaillac, Lisle ; quinze jours, à Villefranche.

Pas d'usage dans les autres cantons.

Pour une usine :

Le congé doit être donné, savoir :

Un an, à Lavaur, Albi, Villefranche, Lautrec; six mois, à Monestiés, Réalmont, Valdériés, Castres, Mazamet, Gaillac, Cordes, Lisle, Rabastens, Vaour, Graulhet; trois mois, à Alban, Valence, Anglés, Brassac, Labruguière, Lacaune, Murat, Roquecourbe, St-Amans-Soult, Cuq-Toulza.

Pas d'usage dans les autres cantons.

5° Le congé est-il donné par écrit, ou devant témoins ?

Les congés sont donnés par écrit, à Albi (à moins qu'il ne s'agisse d'un petit loyer), à Alban, Brassac, Dourgne, Lacaune, Mazamet (sauf pour les loyers de peu d'importance), à Murat, St-Amans-Soult, Cordes (mais quelquefois devant témoins), à Salvagnac (pour les maisons et usines); à Vaour et Lavaur, par huissier; à Montredon, Cuq-Toulza, St-Paul, Puylaurens, jusqu'à 650 fr. devant témoins; au-dessus, par huissier; devant témoins, à Pampelonne, Valdériés, Valence, Anglès, Labruguière (sauf pour les usines), Lautrec, Roquecourbe, Vielmur, Cadalen, Lisle, Montmiral.

Pas d'usage pour les cantons qui ne sont pas nommés ci-dessus.

6° Quelles sont les réparations locatives à la charge du preneur ?

Les réparations locatives à la charge du preneur sont, dans tous les cantons, les réparations de menu entretien et celles occasionnées par la négligence ou la faute du locataire.

7° Quel est l'usage pour les loyers consentis :

Aux fonctionnaires publics ?

Aux militaires ?

L'usage pour les loyers consentis aux fonctionnaires publics et aux militaires est le suivant :

Le bail prend fin de plein droit, sans congé et sans indemnité, lorsqu'il y a changement de résidence, dans tous les cantons où il y a des loyers de cette espèce.

8° Quelles impositions sont à la charge du locataire ?

Les impositions à la charge des locataires sont la cote personnelle et mobilière dans tous les cantons, et dans le canton de Réalmont, seulement, les portes et fenêtres.

9° Est-il d'usage que les sous-locataires payent avant le terme échu ou commencé, de telle sorte qu'on ne puisse regarder les payements ainsi réalisés comme faits par anticipation (1753, Code civil) ?

Il n'est pas d'usage que les sous-locataires, dans les cantons où il y en a, payent le terme échu ou commencé.

7

CHAPITRE VIII.

BIENS COMMUNAUX.

1° De quelle manière sont jouis :
    Les biens communaux ?
    Les pâturages ?
    Les vacants ?

2° Comment s'exercent :
    L'affouage ?
    La glandée ?

3° Quelles personnes ont droit aux biens communaux ?

4° Quelles sont les charges imposées à la jouissance des biens communaux ?

5° Comment sont jouis les pâtis ou emprieux appartenant à un hameau ou à une section de commune ?

6° En cas de partage, comment a-t-il lieu ?
    Par feux ?
    Par tête ?

7° Par qui et dans quelles proportions sont payés :
    Les pâtres communs ?
    Quel est leur salaire ?

1° De quelle manière sont jouis :

  Les biens communaux ?

  Les pâturages ?

  Les vacants ?

2° Comment s'exercent :

  L'affouage ?

  La glandée ?

3° Quelles personnes ont droit aux biens communaux ?

4° Quelles sont les charges imposées à la jouissance des biens communaux ?

Il n'existe pas de biens communaux dans les cantons des arrondissements d'Albi, de Gaillac et de Lavaur. — Dans les cantons de l'arrondissement de Castres, les biens communaux sont jouis comme suit :

A Anglés, les bois communaux sont jouis, partie par l'administration forestière, partie par la commune, qui les afferme. — Les bois communaux sont jouis par tous les communiers lorsqu'ils ne sont pas en état de récolte, il n'y a ni pâturages ni vacants; tous les habitants de la commune et les étrangers qui y payent un impôt foncier ont droit à la jouissance, à charge d'une redevance annuelle.

A Brassac, les bois communaux sont soumis au régime forestier; annuellement, des coupes sont délivrées à affouage aux communiers, en se conformant au Code forestier. — Les pâturages sont jouis par les communiers, qui y font du seigle et des pommes de terre; après quoi, ils sont livrés à la vaine pâture. — Ceux qui restent trois ans sans récolte sont censés abandonnés par celui qui les avait cultivés, et alors un autre communier peut les jouir et y faire des récoltes. — L'affouage s'exerce par feux. Pas de glandée. — Tous les habitants de la commune ont le droit de jouissance. Dans la commune du Bés, ils payent une taxe; dans les autres, aucune.

A Dourgne, les bois communaux sont jouis conformément au Code forestier. — Les pâturages et vacants sont affermés. — Quant à l'affouage, le bois est divisé par petits lots aux indigents de la commune. Quand le nombre de lots est inférieur, on procède au tirage au sort, et ceux que cette opération a désignés ne concourent pas l'année suivante. Pas de glandée. — Les indigents qui défrichent payent une légère redevance à la commune.

A Labruguière, les bois sont soumis au régime forestier et exploités par coupes réglées vendues par la commune. Lorsque les bois sont déclarés défensables par l'administration forestière, la commune y laisse pacager les bêtes à corne, moyennant une rétribution fixée par le conseil municipal. — Tous les habitants ont le même droit. — Les pâturages sont jouis par les habitants et en commun. — Les vacants susceptibles de culture sont jouis par les habitants qui prennent la récolte, ils sont livrés à la dépaissance commune après l'enlèvement des récoltes. Les vacants incultes sont jouis en commun. La commune paye l'impôt des biens communaux. — L'affouage ne se pratique pas. — La glandée est jouie en commun.

A Lacaune, les bois communaux sont jouis par coupes vendues aux enchères ou par affouage. Les pâturages sont jouis individuellement et par indivis, moyennant une redevance déterminée par tête de bétail. Les communiers pauvres font des récoltes dans les vacants sans rétribution; après l'enlèvement des récoltes, la dépaissance s'y exerce aux mêmes conditions que pour les pâturages. — L'affouage se règle par une distribution de produits par portions égales entre les communiers chefs de famille, moyennant une redevance fixée par un rôle d'affouage. —

Pas de glandée. — Tous les chefs de famille ont droit aux biens communaux sans aucune charge.

A Mazamet, les bois sont soumis au régime forestier, les pâturages sont jouis par la dépaissance ; les vacants par la dépaissance et la culture. — L'affouage est réglé par la délivrance d'un lot à chaque habitant qui le demande. — Pas de glandée. — Chaque habitant a droit aux biens communaux et paye une redevance à la commune pour la jouissance.

A Murat, les bois communaux sont jouis par coupes délivrées aux communes. — Les pâturages par tous les communiers ayant droit. — Les vacants sont jouis par les pauvres de la commune ou de la section qui y font des récoltes ; après l'enlèvement, la dépaissance s'exerce comme pour les pâturages. — Les produits de l'affouage sont partagés entre les chefs de famille communiers par égales parts. — Pas de glandée. — Tous les chefs de famille ont droit aux biens communaux sans aucune charge.

A Roquecourbe, les biens communaux n'existent que dans les communes de Burlats et de Lacrouzette ; ceux qui ne sont pas affermés sont jouis en commun. Néanmoins, il est d'usage que chaque habitant peut librement en cultiver telle partie qu'il peut, pourvu qu'un autre n'en soit pas en possession ; nul ne peut prendre la portion cultivée par son voisin qu'autant que celui-ci est resté deux ans et demi sans y faire des récoltes. Après la récolte, la dépaissance s'exerce en commun. — Les rochers de granit sont exploités pour la taille ; il est d'usage que celui qui a commencé l'exploitation en prend et en conserve la propriété, à moins qu'il ne reste une année révolue sans continuer son exploitation, et alors le rocher retombe dans la propriété commune. — L'impôt est payé par la commune. Tous les habitants ont droit aux biens communaux. — L'affouage et la glandée ne sont pas connus dans le canton.

A St-Amans-Soult, les bois sont soumis au régime forestier. — Les pâturages sont jouis en commun, moyennant une redevance perçue par le receveur municipal au profit des communes, au moyen d'un rôle dressé par le conseil municipal et rendu exécutoire par le préfet. — Il en est de même des vacants. — L'exercice de l'affouage se fait conformément au règlement. — L'administration forestière fixe les coupes qui doivent être exploitées. — Pas de glandée. — Tous les habitants ont droit aux biens communaux, à la charge de payer une redevance à la commune.

Dans les autres cantons, savoir : Castres, Lautrec, Montredon, Vabre, Vielmur, il n'y a de biens communaux d'aucune espèce.

5° Comment sont jouis les pâtis ou emprieux appartenant à un hameau ou à une section de commune ?

6° En cas de partage, comment a-t-il lieu ?
Par feux ?
Par tête ?

7° Par qui et dans quelles proportions sont payés :
Les pâtres communs ?
Quel est leur salaire ?

Les pâtis appartenant à un hameau ou à une section de commune sont jouis en commun jusqu'à partage. — En cas de partage, ils sont attribués par feux primitifs, dont le nombre est fixé par titres, cadastres ou enquêtes. — Chaque propriétaire d'une maison divisée ne prend que sa part correspondant à la portion de maison à lui attribuée sur le lot du pâtis échu à la maison entière, et cela dans tous les cantons du département où il existe des pâtis.

Dans aucun canton du département il n'existe de pâtres communs. Néanmoins, dans le canton de Dourgne, où il en existe, ils sont payés par les propriétaires intéressés, dans la proportion du nombre de bêtes admises au parcours ou à la dépaissance. — Rien de fixe pour leur salaire. A Lautrec, ils sont payés par le maître, la moyenne de leur salaire est 30 fr.

CHAPITRE IX.

CLOTURES, MURS, FOSSÉS, HAIES.

1° Quelle est la hauteur exigée pour les murs de séparation entre maisons, cours et jardins ?

2° Avec quels matériaux et de quelle façon ces murs sont-ils édifiés ?

Moellons, briques, terre, pisé, chaux et sable; pierres sèches ?

3° A laquelle des propriétés limitrophes l'usage attribue-t-il :

Les haies ?

Les fossés ?

4° Comment s'exploitent les haies mitoyennes ?

5° Comment se fait le curage des fossés mitoyens ?

6° A quel âge les haies sont-elles coupées ?

7° Les fossés sont-ils, en général, présumés mitoyens ?

8° Les fossés peuvent-ils être établis sur la ligne extrème de la propriété, ou bien faut-il laisser un franc-bord entre le bord intérieur du fossé et la propriété voisine ?

Quelle largeur doit avoir le franc-bord ?

9º Quelles doivent être la profondeur du fossé et l'inclinaison du talus ?

1º Quelle est la hauteur exigée pour les murs de séparation entre maisons, cours et jardins ?

2º Avec quels matériaux et de quelle façon ces murs sont-ils édifiés ?

> Moellons, briques, terre, pisé, chaux et sable;
> pierres sèches ?

La hauteur des murs de séparation exigée par l'usage entre maisons, cours et jardins, est la suivante :
Dans les cantons de Villefranche, Castres, Anglés, Dourgne, Labruguière, Mazamet, Roquecourbe, Vielmur, on suit les prescriptions de l'article 663 du Code civil; la hauteur d'usage est de deux mètres, chaperon compris, dans les cantons de Monestiés, Réalmont, Valdériés, Saint-Amans-Soult, Gaillac, Cordes, Lisle, Rabastens, Salvagnac, Lavaur, Graulhet, St-Paul; la hauteur est de deux mètres cinquante centimètres, dans le canton de Valence; de deux mètres soixante centimètres, à Puylaurens; de un mètre cinquante centimètres seulement, à Lautrec; à Albi, on tolère, en général, une élévation moindre que celle qui est fixée par l'article 663 du Code civil, sans néanmoins renoncer au droit de contraindre le voisin à se conformer aux prescriptions de cet article; dans les autres cantons, pas d'usage; c'est donc la loi qui doit être seule appliquée.
On emploie des matériaux quelconques pour la construction des murs de séparation, à Albi, Monestiés, Villefranche, Vielmur.

On emploie le moellon, pierre sèche, pisé, à Pampelonne, Montmiral, Salvagnac; à Réalmont, on
construit en moellon, chaux et sable, dans la ville;
pierre sèche, dans la campagne; à Valdériés, ordinairement en pisé; à Valence, en moellon et mortier de terre; à Dourgne, en moellon avec chaux
et sable; leur sommet présente un chaperon dans
la partie supérieure; à Labruguière et à Mazamet,
en moellon, chaux et sable; à Lacaune, en pierre
sèche ou avec chaux et sable; à Lautrec, en pierre
sèche avec crépissage; à Roquecourbe, en moellon
et terre pour ciment; à St-Amans-Soult, pierre avec
chaux et sable; à Gaillac et à Cordes, en brique,
d'autres en pisé, moellon et pierre sèche; à Lisle,
dans les jardins, en pisé couvert de bruyère; dans
les cours, en maçonnerie de briques et de cailloux,
cimentée avec mortier de terre; quelquefois, passé
une hauteur de 30 centimètres en brique crue; à
Montmiral, en moellon, terre, pisé, chaux et sable,
pierre sèche; à Rabastens, avec toute sorte de
matériaux et de toute façon, mais spécialement en
pisé pour les jardins; à Vaour, en pierre sèche;
à Lavaur, en général, en terre gâchée avec de la
paille, couverte de bruyère et couronnée d'un chaperon dans la partie supérieure; à Graulhet, les
clôtures en terre et pisé sont les plus répandues, elles
sont surmontées d'un pignon; à Puylaurens, en
pierre ou briques cuite, à chaux et à sable.

Pas d'usage dans les autres cantons.

3° A laquelle des propriétés limitrophes l'usage attribue-t-il :

Les haies ?

Les fossés ?

4° Comment s'exploitent les haies mitoyennes ?

5° Comment se fait le curage des fossés mitoyens ?

6° A quel âge les haies sont-elles coupées ?

L'usage attribue la propriété des haies, dans les divers cantons, suivant les précisions suivantes :

Les haies sont censées appartenir aux propriétaires qui les taillent et les travaillent ; néanmoins, si elles séparent des propriétés d'une nature différente, elles sont présumées dépendre de celle qui a plus d'intérêt à être clôturée. Si c'est une terre, et un pré, elle est pour le pré ; si elle divise un pré et un jardin, au jardin ; une vigne et une terre ou même un pré, elle est pour la vigne ; et cela dans les cantons d'Albi, Alban, Pampelonne, Valence, Villefranche, Anglés, Dourgne, Vielmur, Cadalen, Lisle (dans les autres cas, dans les terrains en pente, au propriétaire supérieur), Salvagnac, Graulhet ; elle appartient au propriétaire supérieur, à Anglés, Brassac, Mazamet (ou à celle qui est close, lorsque les autres ne le sont pas), à St-Amans-Soult, Gaillac, Cuq-Toulza ; elles sont mitoyennes, à Labruguière, Lautrec, Cordes. Rabastens, Vaour ; la haie appartient à la propriété close de toutes parts, à Anglés et Montredon ; à Puylaurens et Saint-Paul, à celui dans le terrain duquel elle se trouve ; à Lavaur, elle est mitoyenne lorsque les propriétés sont de même nature.

Pas d'usage dans les cantons restants.

Les fossés appartiennent au fonds inférieur, dans les cantons d'Albi, Valdériés, Dourgne, Gaillac, Cadalen, Montmiral, Salvagnac, Cuq-Toulza, St-Paul ; à Lisle et Rabastens, les coteaux au propriétaire inférieur ; ils sont mitoyens dans la plaine, sauf les marques contraires ; dans les cantons de Monestiés, Villefranche, Graulhet, à celui du côté duquel se fait le rejet de la terre ; ils sont mitoyens, dans les cantons d'Alban, Labruguière, Lautrec,

Mazamet, Roquecourbe, St-Amans-Soult, Vielmur, Cadalen (dans la plaine), Cordes, Lavaur, Vaour.

Pas d'usage dans les cantons non désignés ci-dessus.

Les haies mitoyennes se coupent par moitié ou à frais communs, et on partage les bois.

Le curage des fossés se fait ou à frais communs, ou bien par moitié, dans le sens de leur longueur; chacun prend la terre de son côté; ou bien alternativement : l'un, une année; l'autre, l'année suivante.

Rien de fixe dans les usages des divers cantons.

Il n'y a pas d'usage fixe dans la plupart des cantons pour le coupage des haies. — Néanmoins, on les coupe tous les trois ans, dans les cantons de Lautrec, Lavaur, Cuq-Toulza, Graulhet, Puylaurens, St-Paul; tous les trois ou quatre ans, à Pampelonne, Réalmont, Lisle, Rabastens, Vaour; de trois à cinq ans, à Labruguière; tous les quatre ans, à Monestiés, Vielmur, Cadalen; tous les cinq ans, à Valence, Villefranche, Anglés, Cordes, Salvagnac; tous les quatre à cinq ans, à Albi, Valdériès, Gaillac; tous les neuf ans, à Castres; tous les dix ans, à Alban.

7° Les fossés sont-ils, en général, présumés mitoyens ?

8° Les fossés peuvent-ils être établis sur la ligne extrême de la propriété, ou bien faut-il laisser un franc-bord entre le bord intérieur du fossé et la propriété voisine ?

Quelle largeur doit avoir le franc-bord ?

9° Quelles doivent être la profondeur du fossé et l'inclinaison du talus ?

Les fossés sont présumés mitoyens, dans les cantons d'Albi, Villefranche, Castres, Anglés,

Dourgne, Labruguière, Mazamet, Roquecourbe, St-Amans-Soult, Vabre, Vielmur, Cadalen, Lisle, Vaour, Lavaur, Graulhet, St-Paul, sauf preuve contraire; à Gaillac, Cordes, Rabastens, les fossés dans les coteaux sont censés appartenir à la propriété inférieure; dans les autres cantons, l'usage ne consacre pas la mitoyenneté.

Les fossés ont un franc-bord, dans presque tous les cantons, qui doit égaler leur profondeur. Néanmoins, le franc-bord doit n'avoir que la moitié de la profondeur du fossé, dans les cantons de Lisle, Lavaur, Salvagnac; à Réalmont, un pied seulement suffit; à Labruguière, Puylaurens, Graulhet, on peut l'établir sur l'extrême limite de la propriété voisine; à Roquecourbe, on ne laisse pas de franc-bord, mais le talus doit être de 45 degrés; pas d'usage à Anglés, Brassac, Dourgne, Lacaune, Montredon, Murat, Vabre.

La profondeur des fossés doit être de cinquante centimètres environ dans tous les cantons, avec des variations très-peu appréciables.

CHAPITRE X.

COURS D'EAU.

1° Existe-t-il des règlements locaux sur le cours et l'usage des eaux ?

Quels sont ces règlements ?

2° La coutume règle-t-elle seule le cours et l'usage des eaux ?

Quelle est cette coutume ?

3° Y a-t-il des règlements ou des usages pour le curage des ruisseaux ?

Quels sont-ils ?

4° Quels sont les usages pour les eaux pluviales ?

5° En cas de sécheresse ou d'insuffisance des eaux, l'usine a-t-elle la préférence sur les propriétés à arroser ?

6° Quels sont les usages sur le rouissage du chanvre et du lin ?

1° Existe-t-il des règlements locaux sur le cours et l'usage des eaux ?

Quels sont ces règlements ?

2° La coutume règle-t-elle seule le cours et l'usage des eaux ?

Quelle est cette coutume ?

Il n'existe aucun règlement local sur le cours et l'usage des eaux, de même qu'aucune coutume n'en règle l'usage dans les cantons, sauf les exceptions suivantes :

A Dourgne, il y a des règlements non écrits qui fixent les heures et le temps que chacun peut prendre pour utiliser les eaux qui successivement sont rendues à leur cours ordinaire. Un règlement pour l'usage des eaux des ruisseaux a été rendu exécutoire par le préfet, en 1845. Dans la commune de Sorèze, un usage observé est que l'eau appartient au premier occupant, qui la garde en entier jusqu'à l'arrivée d'un second propriétaire; alors elle se divise entre eux par égales parts, le partage a lieu par tête et non par contenance; si un troisième arrive, on la divise en trois; ainsi, de suite pour le ruisseau d'Aurivals seulement; à Labruguière, il existe des règlements pour quelques cours d'eau seulement qui suivent les droits des riverains. Ils sont administratifs, ou judiciaires, ou conventionnels. — La coutume pour les cours d'eau non réglementés est que le premier qui arrive à la prise jouit des eaux jusqu'à ce qu'elles aient traversé son pré; ceux qui viennent ensuite en jouissent de même; à Lautrec, les propriétaires se partagent l'eau par jour, tantôt l'un, tantôt l'autre; à Mazamet, il existe un règlement concernant le canal de la Nogarède; il est à la date du 7 mai 1820, rendu exécutoire par ordonnance royale du 19 septembre 1821: les eaux sont réglées par l'usage, chaque cours d'eau a son usage particulier; à Gaillac, la coutume règle les eaux, chacun en profite eu égard à la contenance du terrain qu'il possède : un jour, deux jours, trois jours, etc.

Pas d'usage dans les autres cantons.

3° Y a-t-il des règlements ou des usages ponr le curage des ruisseaux ?

Quels sont-ils ?

Il n'existe pas de règlement ou usage pour le curage des ruisseaux dans le plus grand nombre des cantons : à Anglés, le curage se fait par les riverains, à proportion de leurs droits et suivant des règlements locaux; à Labruguière, Lacaune, Salvagnac, il n'y a pas de règlement, mais le curage se fait également par les riverains, à proportion de leurs droits; à Lautrec et Montmiral, il n'y a pas d'usage, mais chaque riverain cure de son côté; à Gaillac et Lisle, il n'y a pas d'usage, les riverains ne sont tenus du curage que lorsque l'autorité le prescrit.

Pas d'usage dans les autres cantons.

4° Quels sont les usages pour les eaux pluviales ?

A Albi et Valdériés, les terrains inférieurs doivent recevoir les eaux supérieures, mais il ne peut être fait sur le terrain dominant aucun ouvrage de nature à aggraver cette servitude naturelle. Elles appartiennent au premier occupant, dans les cantons d'Alban, Pampelonne, Réalmont, Valence, Villefranche, Brassac, Dourgne, Labruguière, Lacaune, Mazamet, Montredon, Murat, Roquecourbe, Salvagnac, Cuq-Toulza, Puylaurens, St-Paul.

Pas d'usage dans les autres cantons.

8

5° En cas de sécheresse ou d'insuffisance des eaux, l'usine a-t-elle la préférence sur les propriétés à arroser?

Oui, dans les cantons d'Albi, Alban, Valence, Villefranche, Anglés, Lautrec, Mazamet, Montmiral; non, dans les cantons de Brassac, Montredon, St-Amans-Soult, Gaillac.

Pas d'usage dans les autres cantons.

6° Quels sont les usages sur le rouissage du chanvre et du lin?

On les fait rouir à la rosée, ou à l'eau dans des réservoirs particuliers, ou dans les petits ruisseaux, à Albi, Réalmont, Valdériés, Valence, Villefranche, Brassac, Gaillac; à Dourgne, le lin sur les prairies, le rouissage ne se fait pas dans l'eau; à Labruguière, le rouissage se fait dans les prés; à Lautrec, toujours dans l'eau; à Montredon, il se fait en étendant le lin et le chanvre sur le sol, ainsi qu'à Roquecourbe et St-Amans-Amans-Soult; à Vielmur, le chanvre est roui dans les petits ruisseaux ou la rivière, le lin dans les prairies; à Cordes, dans l'eau, rarement à la rosée; à Lisle, le lin et le chanvre sont rouis dans les mares, et quelquefois à la rosée, très-rarement dans les ruisseaux, jamais dans la rivière du Tarn; à Montmiral, dans la rivière de la Vère; à Rabastens, dans une mare séparée des cours d'eau; à Salvagnac, le rouissage est défendu dans les ruisseaux pour cause de salubrité publique; à Vaour, il a lieu dans les rivières et ruisseaux; à Graulhet, chacun fait rouir dans sa mare ou son réservoir, ainsi qu'à Puylaurens et St-Paul.

Pas d'usage dans les autres cantons.

CHAPITRE XI.

DOMESTIQUES ET NOURRICES.

1° Pour quel temps les domestiques attachés à la personne du maître sont-ils loués ?

2° Quelle est l'époque ordinaire de l'entrée des domestiques chez les maîtres ?

3° Comment sont payés les gages des domestiques ?
En argent, ou en fournitures ?
D'avance, ou terme échu ?

4° Quel est le gage ordinaire :
Des portiers ?
Des cuisiniers ?
Des valets de chambre ?
Des cochers ?
Des cuisinières ?
Des femmes de chambre ?
Des jardiniers ?

5° Le congé peut-il être donné du jour au jour et sans indemnité pour les domestiques attachés à la personne ?

6° Pour quel temps sont louées les nourrices ?

7° Quels sont les gages des nourrices :

Lorsqu'elles sont chez les maîtres ?

Lorsqu'elles restent chez elles ?

8° Indépendamment de leurs gages, les nourrices ont-elles droit à certaines fournitures ?

9° Peut-on donner congé du jour au jour et sans indemnité à une nourrice ?

Ou bien est-on tenu d'observer un délai ?

10° Lorsque les habits de deuil sont donnés à un domestique ou à une nourrice, leur appartiennent-ils définitivement ?

1° Pour quel temps les domestiques attachés à la personne du maître sont-ils loués ?

Les domestiques sont loués, dans tous les cantons, pour une année, excepté à Castres, Dourgne, Vielmur, Rabastens, Vaour, Puylaurens, où ils sont loués au jour le jour.

2° Quelle est l'époque ordinaire de l'entrée des domestiques chez les maîtres ?

L'époque ordinaire de l'entrée des domestiques chez les maîtres est le 24 juin, dans les cantons suivants : à Albi, Monestiés, Pampelonne, Valdériés, Valence, Gaillac, Cadalen, Cordes, Montmiral, Salvagnac, Graulhet ; au 1er novembre, à Alban, Brassac, Montredon, Vabre ; au 11 novembre ou 24 juin, à Réalmont ; au 1er novembre ou 24 juin, à Villefranche ; au 30 septembre, à Anglés ; au 29

septembre ou 1er novembre, à Lacaune ; au 11 novembre, à Lautrec ; au 29 septembre, à Murat ; au 1er et 11 novembre, suivant les communes, à Roquecourbe ; au 29 septembre et 1er novembre, à St-Amans-Soult.

Pas d'usage dans les autres cantons.

3° Comment sont payés les gages des domestiques ?

En argent, ou en fournitures ?

D'avance, ou terme échu ?

Les gages des domestiques sont payés en argent, dans les cantons d'Albi (en argent et vestiaire, à la campagne), Monestiés, Réalmont, Castres, Anglés, Brassac, Dourgne, Labruguière, Lautrec, Mazamet, Roquecourbe, St-Amans-Soult, Vabre, Vielmur, Gaillac, Cadalen, Montmiral, Rabastens, Salvagnac, Lavaur, Cuq-Toulza, Graulhet, Puylaurens, St-Paul ; ils sont payés en argent et en effets d'habillement, dans les autres cantons, sauf à Vaour, où il n'y a pas d'usage ; partout ils sont payés *terme échu ;* néanmoins, à Réalmont, ils sont payés sans terme fixe, par fractions, suivant leur demande, mais toujours terme échu pour la fraction demandée ; il en est de même à Mazamet ; à Rabastens, les nourrices sont payées d'avance.

Pas d'usage dans les autres cantons.

4° Quel est le gage ordinaire :

Des portiers ?

Des cuisiniers ?

Des valets de chambre ?

Des cochers ?

Des cuisinières ?

Des femmes de chambre ?

Des jardiniers ?

Pas d'usage pour les gages des portiers, cuisiniers, valets de chambre, cochers, sauf ce qui qui suit : les gages des cuisiniers, valets de chambre et cochers sont : à Albi, de 300 fr.; à Réalmont, de 200 à 250 fr.; à Castres, idem ; à Gaillac, idem. — Les gages des cuisinières sont de 100 à 120 fr., dans les cantons ruraux ; de 100 à 200 fr , dans les autres cantons ; des femmes de chambre, idem. — Pas d'usage pour les gages des jardiniers, dans la plupart des cantons, sauf les exceptions suivantes : à Albi, 200 fr. ; à Monestiés et Vielmur, 150 fr.; à Gaillac, 200 fr. ; à Cuq-Toulza et St-Paul, 100 fr. — Les gages des domestiques ci-dessus sont indépendants de la nourriture.

5° Le congé peut-il être donné du jour au jour et sans indemnité pour les domestiques attachés à la personne ?

Le congé peut être donné du jour au jour et sans indemnité aux domestiques attachés à la personne, dans les cantons de Monestiés, Réalmont, Castres, Anglés, Brassac, Dourgne, Lautrec, Montredon, St-Amans-Soult, Vielmur, Cadalen, Lisle, Montmiral, Rabastens, Salvagnac, Lavaur, Cuq-Toulza, Puylaurens, St-Paul ; le congé peut être donné, mais en avertissant une quinzaine d'avance par convenance, à Albi, dans la ville ; à la campagne, il est dû une indemnité de part et d'autre ; du jour au jour, mais avec indemnité, à Alban, Pampelonne, Valdériés ; à Labruguière, huit jours à l'avance et sans indemnité ; Lacaune, il est dû une indemnité, à moins qu'il y ait des motifs légitimes de renvoi ; à Mazamet, à moins de motifs graves, on accorde une quinzaine ; à Murat, à moins de raisons sérieuses, on doit une indemnité ; à Vabre, il est dû une indemnité pour le temps où le domestique reste sans emploi ; à Cordes, le congé ne peut être donné, à moins de motifs graves ; à Gaillac, on doit le donner huit jours à l'avance ; à Graulhet, à moins d'inconduite ou d'infidélité, on doit les garder le temps nécessaire pour trouver une nouvelle place.

6° Pour quel temps sont louées les nourrices ?

Les nourrices sont louées, savoir : pour tout le le temps de l'allaitement, qui dure quinze mois ou un an, dans les cantons d'Albi, Anglés, Monestiés, Réalmont, Valence, Brassac, Dourgne, Labruguière, Mazamet, Montredon, Roquecourbe, Vielmur, Rabastens, Cuq-Toulza, Graulhet, St-Paul ; au mois, à Alban, Pampelonne, Villefranche, Lautrec, Cadalen, Cordes, Lisle, Montmiral, Salvagnac, Vaour, Lavaur ; pour dix-huit mois, à St-Amans-Soult.

Pas d'usage dans les autres cantons.

7° Quels sont les gages des nourrices :
    1° Lorsqu'elles sont chez les maîtres ?
    2° Lorsqu'elles restent chez elles ?

Les gages des nourrices varient dans chaque canton ; leur gages sont, à Albi : 1° lorsqu'elles sont chez les maîtres, 20 fr. par mois ; 2° lorsqu'elles restent chez elles, 10 fr. par mois. — à Alban, 1°, 50 fr. par an ; 2°, 80 fr. ; — à Monestiés, 1°, 10 fr. par mois ; 2°, 12 fr. par mois ; — à Pampelonne, 6 à 10 fr. par mois ; — à Réalmont, 1°, 15 fr. ;

2°, 12 fr. par mois; — à Valdériés, 8 fr. par mois
chez elles; — à Valence, 1°, 9 fr.; 2°, 7 fr. par
mois; — à Villefranche, 1°, 10 fr.; 2°, 8 fr. par
mois; — à Anglés, 1°, 12 à 15 fr.; 2°, 8 à 10 fr.
par mois; — à Brassac, 1°, 20 à 25 fr.; 2°, 10 fr.
par mois; — à Dourgne, 2°, 15 à 20 fr.; 2°, 6 à
12 fr. par mois; — à Labruguière, 1°, 25 fr.; 2°,
12 fr. par mois; — à Lacaune, 1° et 2°, 15 fr. par
mois; — à Lautrec, 1°, 6 fr.; 2°, 12 fr.; — à
Mazamet, 1°, 20 fr.; 2°, 12 fr.; — à Montredon, 1°,
15 fr.; 2°, 7 fr. par mois; — à Murat, 1° et 2°,
15 fr.; — à Roquecourbe, pas d'usage, 2°, 10 fr.
par mois; — à St-Amans-Soult, 1°, 20 à 25 fr.;
2°, 10 à 12 fr.; — à Vielmur, 1°, 30 fr.; 2°, 12 fr.;
— à Gaillac, 1°, 15 à 20 fr.; 2°, 10 à 12 fr.; — à
Cadalen, 8 à 12 fr. par mois hors de chez soi, ou
n'en prend pas chez soi; — à Cordes, 1°, 15 à
20 fr.; 2°, 10 à 15 fr.; — à Lisle, 1°, pas d'usage;
2°, 6 à 12 fr. par mois; — à Montmiral, 1°, 10 fr.
par mois; 2°, 12 fr.; — à Rabastens, 1°, 30 fr.;
2°, 15 fr.; — à Salvagnac, 1°, pas d'usage; 2°,
10 fr. par mois; — à Vaour, 1°, pas d'usage; 2°,
12 fr. par mois; — à Lavaur, 1°, 15 à 25 fr.; 2°,
8 à 10 fr., quelquefois 18 fr. par mois; — à Cuq-
Toulza, 1°, 12 fr.; 2°, 8 fr. par mois; — à Graulhet,
1°, 10 à 15 fr.; 2°, 6 à 12 fr. par mois; — à Puylaurens, 1°, 20 fr.; 2°, 12 fr. — à St-Paul, 1°, 12 à
15 fr.; 2°, 9 à 10 fr. par mois.

8° Indépendamment de leurs gages, les nourrices ont-
elles droit à certaines fournitures ?

Indépendamment de leurs gages, il est d'usage
de donner aux nourrices, suivant les cantons, du
pain par semaine et du savon par mois, savoir :
par semaine, demi-kilo de pain blanc, et demi-kilo

de savon par mois, à Albi, Valdériés, Valence,
Monestiés, Villefranche, Brassac, Cadalen, Lavaur,
Saint-Paul, Anglés; à Dourgne, Mazamet, Lacaune,
Lautrec, Murat, Roquecourbe, du savon seulement;
à Gaillac, du pain, du sucre, du savon; à Lisle,
un kilo de pain blanc par semaine et du savon;
à Montmiral et Graulhet, le savon nécessaire et un
pain par mois; on leur donne une robe à la fin de
la nourriture, à Albi, Anglés, Mazamet, Brassac,
Dourgne, Montredon, Roquecourbe, Vielmur; à
Gaillac, on donne une robe ou un mouchôir à la
première dent ou lorsque l'enfant marche.

Pas d'usage pour les autres cantons.

9° Peut-on donner congé du jour au jour et sans
indemnité à une nourrice ?

Ou bien est-on tenu d'observer un délai ?

On peut donner congé aux nourrices du jour au
jour et sans indemnité dans presque tous les cantons, sauf les exceptions suivantes : à Castres, on
donne une indemnité de quinze jours; à Labruguière,
une indemnité est due; à Lautrec, Roquecourbe,
Vielmur, Rabastens, Graulhet, on accorde un mois
d'indemnité; à Cordes, idem, à moins qu'elles ces-
sent de remplir les conditions d'une nourrice; à
Lisle et Lavaur, idem.

10° Lorsque les habits de deuil sont donnés à un
domestique, ou à une nourrice, leur appartiennent-ils
définitivement ?

Les habits de deuil appartiennent au domestique et
à la nourrice lorsqu'ils restent jusqu'à la fin du deuil,

et cela dans presque tous les cantons; à Monestiés, ils n'y ont aucun droit; à Anglés, après un an de service.

————

CHAPITRE XII.

MAITRES VALETS.

1° A quelle époque les maîtres valets entrent-ils sur le bien ?

A quelle époque en sortent-ils ?

2° Pour quel temps les maîtres valets sont-ils loués ?

3° A quelles conditions sont-ils loués ?

Quelles sont leurs obligations ?

Leurs salaires ?

Quand ce salaire est-il payé ?

4° A quelle époque faut-il leur donner congé ?

1° A quelle époque les maîtres valets entrent-ils sur le bien ?

Les maîtres valets entrent et sortent le 1er novembre, à Villefranche, Castres, Dourgne, Labruguière, Mazamet, Vabre, Vielmur, Cuq-Toulza, Puylaurens, St-Paul; du 1er au 11 novembre, à Montredon et Lavaur; le 11 novembre, à Lautrec, Montmiral,

Rabastens, Salvagnac, Graulhet ; du 11 au 30 novem-
bre, à Réalmont ; le 30 novembre, à Albi, Gaillac,
Cadalen, Lisle ; du 29 au 30 septembre, à Anglés
et Murat ; les 29 septembre et 1er novembre, à
St-Amans-Soult et Lacaune ; le 24 juin, à Vaour ;
dans le canton de Roquecourbe, à Roquecourbe,
Burlats, Lacrouzette, le 1er novembre ; à Montfa,
St-Germier, St-Jean-de-Vals, le 11 novembre.
Pas d'usage dans les autres cantons.

A quelle époque en sortent-ils ?

Il en sortent aux mêmes époques, sauf à Anglés,
le 29 septembre au soir ; à Labruguière et Mazamet,
le 31 octobre.

2° Pour quel temps les maîtres valets sont-ils loués ?

Les maîtres valets sont loués : pour un an, à Albi,
Réalmont, Villefranche, Castres, Anglés, Dourgne,
Labruguière, Lacaune, Lautrec, Mazamet, Montre-
don, Murat, Roquecourbe, St-Amans-Soult, Vabre,
Vielmur, Gaillac, Cadalen, Lisle, Montmiral, Rabas-
tens, Salvagnac, Vaour, Lavaur, Cuq-Toulza, Graul-
het, Puylaurens, St-Paul ; pour trois ans, à Monestiés.
Pas d'usage dans les autres cantons.

3° A quelles conditions sont-ils loués ?

Ils doivent travailler pour le compte du maître
et sous ses ordres, à Monestiés, Réalmont, Anglés,
Dourgne, Labruguière, Lacaune, Lautrec, Mazamet,
Montredon, St-Amans-Soult, Vielmur, Lisle, Mont-
miral, Rabastens, Salvagnac, Lavaur, Cuq-Toulza,
Graulhet, St-Paul.
Pas de conditions déterminées dans les autres
cantons.

Quelles sont leurs obligations ?

Ils doivent tout leur temps au maître pour la culture du bien sous sa direction, la surveillance des travaux et les soins à donner aux bestiaux, dans tous les cantons.

Dans celui de Cuq-Toulza, leurs obligations sont *plus précises et mieux définies* par l'usage que dans les autres cantons : ils doivent, en outre, fournir et entretenir les outils manuels, acquitter les prestations, l'impôt sur les chiens, la cote personnelle, mobilière et des portes et fenêtres ; fournir la moitié de la semence de maïs, légumes, fourrages artificiels, plâtres et la moitié du pied de menus bestiaux. Il en est en général de même dans tous les cantons.

Leurs salaires ?

Ils reçoivent du maître 400 fr. par homme en argent et denrées, à Albi ; quatre hectolitres de blé, un hectolitre maïs, quatre hectolitres pommes de terre par homme, des menus grains, de la laine, cinq kilog. d'huile et du bois de chauffage, et ils ont droit à un jardin, à Monestiés ; 100 fr. et la nourriture, à Villefranche ; trois hectolitres blé, trois hectolitres maïs, du vin, du sel, de l'huile, du bois et 50 fr. argent, à Réalmont, Dourgne, Vielmur ; 60 fr. par homme, les femmes n'ont pas de gages en argent, mais elles reçoivent, comme leurs maris, six hectolitres de grain pour leur nourriture ; ils ont la jouissance d'un jardin, la moitié des cochons et le droit de tenir une volaille par personne, à Labruguière ; 60 fr. par homme ; les femmes ont droit à une portion des profits sur les cochons et les volailles, à Montredon ; 50 fr. par

homme; 25 fr. par femme de travail, six hectolitres
blé ou maïs par personne, un décalitre sel, huile,
soixante-dix litres vin par homme, à Roquecourbe;
400 fr. en nature ou argent pour le chef, et, pour
les autres, des gages proportionnés à leurs forces,
à St-Amans-Soult; 300 fr. pour les hommes et 120 fr.
pour les femmes, le plus habituellement, à Montmiral; 200 fr., ainsi que la nourriture et le chauffage,
à Salvagnac; dix à douze hectolitres de grains, moitié
blé, moitié maïs, par homme, 10 à 12 fr. argent et un
tiers ou un quart pour cent des bénéfices à faire
sur les cabaux; le maître ajoute souvent à cela
des terres à moitié fruits et des récoltes à lever
aux conditions ordinaires, à Lavaur; un nombre
d'hectolitres en grain, moitié blé, moitié maïs, égal
à celui qu'on sème annuellement en blé sur le domaine, le huitième du blé récolté qu'on appelle escous-
sure pour les frais de solatage, la moitié du maïs,
légumes, lin et chanvre récoltés, les émondages
des arbres, haies et buissons, et la moitié des bénéfices des cabaux, à Cuq-Toulza; trois hectolitres blé
et autant de maïs pour chaque membre de la famille
capable de gagner la journée, cent litres de vin
par homme et des gages en argent qui varient de
30 à 50 fr. par homme et par année, suivant leur
aptitude au travail et suivant qu'on leur donne ou
retire le sel et l'huile nécessaire, à Graulhet; quatre
hectolitres blé, quatre hectolitres maïs par chaque
homme gagé et une part dans les bénéfices des
bestiaux, à Puylaurens; six hectolitres blé, quatre
hectolitres maïs et 25 fr. d'argent par homme; ils
sèment à moitié le maïs, légumes et menus grains,
qu'ils partagent avec le maître; ils élèvent cochons,
oies, canards, à moitié profit, et sont dispensés de
toutes contributions autres que leur cote personnelle
et mobilière, à St-Paul; à Gaillac, suivant l'importance de la métairie, ordinairement ils sont de
300 à 360 fr. par an; partie en argent et en fourni-

tures, à Castres, Anglés, Lacaune, Mazamet, Murat, Rabastens.

Pas d'usage précis dans les autres cantons.

Observation générale. — Habituellement les femmes ne sont pas gagées.

Quand ce salaire leur est-il payé ?

Ce salaire leur est payé de mois en mois, terme échu, à Albi, Dourgne, Rabastens, Cuq-Toulza ; par trimestres et d'avance, à St-Amans-Soult, Graulhet, St-Paul ; par tiers, à Gaillac ; par semestre et terme échu, à Salvagnac ; en trois ou quatre termes ; mais de telle sorte que le maître ait toujours la main garnie, à Lavaur ; à partir du mois de mars, un huitième chaque mois, et d'avance, à Puylaurens ; au bout de l'an, à Villefranche, Vielmur, Lisle, Vaour, Lacaune ; à Castres et Murat, pour l'argent seulement et pour les denrées, à mesure de leurs besoins ; à Anglés, idem pour l'argent et en deux termes et d'avance pour la nourriture ; à Labruguière, idem pour l'argent, et pour les denrées par douzièmes, terme échu ; à Roquecourbe, idem pour l'argent, et pour les denrées de trois en trois mois et d'avance ; suivant leurs besoins, à Monestiés, Réalmont, Mazamet, Montredon, Cadalen, Montmiral.

Pas d'usage dans les autres cantons.

4° A quelle époque faut-il leur donner congé ?

Il faut leur donner congé : trois mois à l'avance, à Monestiés, Villefranche, Anglés, Lacaune, Murat, Roquecourbe ; six mois à l'avance, à Réalmont et Cadalen ; le 1er février, à Castres ; le 25 mars, à St-Paul ; le 25 mars, à Cuq-Toulza et Graulhet ; le

31 mars, à Lavaur ; le 10 mai, à Montmiral, Rabastens, Salvagnac ; le 31 mai, à Lisle ; pendant tout le mois de mai, à Puylaurens ; le 23 juin, à Dourgne ; le 22 juillet, à Labruguière ; avant le 1er août, à Montredon ; on peut les renvoyer du jour au lendemain, à Gaillac.

Pas d'usage pour les autres cantons.

CHAPITRE XIII.

OUVRIERS AGRICOLES. — JOURNALIERS.

1° A quelle époque les valets agricoles, bergers et servantes sont-ils loués ?

Pour quel temps ?

2° Quels sont les gages :

Du valet ?

Du berger ?

De la bergère ?

De la servante ?

3° Les gages sont-ils payés d'avance, ou terme échu ?

4° Les valets agricoles, bergers et servantes peuvent-ils être renvoyés du jour au jour et sans indemnité ?

Ou bien le congé doit-il être donné en un certain délai ?

5° Pour quel temps et à quelle époque sont loués les valets pris pour la levée de la récolte ?

Quels sont leurs gages ?

6° Quand commence et finit la journée, et quel en est le salaire, pour :

Les travailleurs de terre ?

Les vignerons ?

9

> Les faucheurs ?
> Les moissonneurs ?
> Les vendangeurs ?
> Les laboureurs ?

7° Comment se louent les ouvriers agricoles ?
Comment se fixe le prix de la journée ?

8° Sont-ils nourris par le maître ?

9° Doivent-ils apporter les outils ?

10° Quand commence et finit la journée, et quel est le salaire, pour :

> Les maçons ?
> Les charpentiers ?
> Les manœuvres ?
> Les menuisiers ?
> Les charrons ?
> Les tailleurs de pierre ?
> Les tonneliers ?
> Les tisserands ?
> Les tailleurs d'habits ?
> Les couturières ?
> Les lavandières ?

11° Ces ouvriers sont-ils nourris par le maître ?

12° A quelle époque les maîtres meuniers entrent-ils dans le moulin à eau ou à vent, et doivent-ils en sortir ?

13° A quelle époque le congé doit-il leur être donné ?

14° Quels sont les gages des maîtres meuniers ?
Comment les gages sont-ils payés ?

15° A quelle époque et pour quel temps sont loués les garçons meuniers ?

16° Quels sont leurs gages ?

17° Est-on tenu de leur donner congé à l'avance ?

18° Quand commence et finit la journée des ouvriers employés dans les usines et fabriques ?

19° Quel en est le salaire dans les :
    Briqueteries ?
    Filatures ?
    Minoteries ?
    Faïenceries ?
    Scieries ?
    Houillères ?
    Carrières ?
    Usines à gaz ?
    Mines métallurgiques ?
    Papeteries ?
    Distilleries ?
    Fours à chaux et à plâtre ?
    Boulangeries ?
    Carrosseries ?
    Forges ?
    Imprimeries ?

1° A quelle époque les valets agricoles, bergers et servantes sont-ils loués ?

Les valets agricoles, bergers, servantes, sont loués :

Le 1er mars, à Cuq-Toulza; en mars et novembre, à St-Paul; le 24 juin, à Albi, Monestiés, Pampelonne, Valdériés, Valence, Gaillac, Cadalen, Cordes, Lisle, Montmiral, Rabastens, Salvagnac, Vaour; à Lavaur, le 24 juin ou 1er novembre; à Graulhet, au 24 juin et 11 novembre; le 1er juillet, pour les valets agricoles; le 30 septembre, pour les autres, à Anglés; du 22 juillet au 1er novembre, à Labruguièrere; dans le mois d'août, à Brassac; les 29 septembre et 1er novembre, à Lacaune et Saint-Amans-Soult; à Murat, le 29 septembre seulement; de novembre en mai, à Puylaurens; le 1er novembre, à Alban et Mazamet; le 24 juin et 11 novembre, à Graulhet; le 24 juin ou 1er novembre à Lavaur; le 1er ou 11 novembre, à Dourgne, Montredon, Roquecourbe; le 11 novembre, à Castres, Dourgne, Lautrec; le 12 novembre ou le 24 juin à Réalmont; à la St-Julien ou à la Toussaint, à Villefranche; en toute saison, à Vabre.

Pour quel temps?

Ils sont loués : pour un an, à Albi, Alban, Monestiés, Pampelonne, Valdériés, Valence, Villefranche, Castres, Brassac, Dourgne, Labruguière, Lacaune, Lautrec, Mazamet, Montredon, Murat, Roquecourbe, St-Amans-Soult, Vielmur, Gaillac, Cadalen, Cordes, Lisle, Rabastens, Vaour; pour un an ou un été, à Lavaur; pour un an ou jusqu'à la St-Martin, à St-Paul; pour un an ou de la St-Jean à la St-Martin, à Graulhet et Réalmont; les uns pour un an, les autres jusqu'au 8 septembre ou au 11 novembre, à Salvagnac; pour trois, six ou douze mois, à Montmiral; les valets agricoles pour trois mois, les autres, pour un an, à Anglés; jusqu'au 1er novembre, à Vabre et Puylaurens, jusqu'au 11 novembre, à Cuq-Toulza.

2° Quels sont les gages :
Du valet ?

Les gages du valet sont : 45 fr. à Anglés; de 60 à 100 fr., à Dourgne; 60 à 150 fr., à Valdériés; 60 à 200 fr., suivant l'âge et la force, à Gaillac; 80 fr. et un habillement complet ou quelques hardes, à Valence, Lacaune, Murat; 80 à 100 fr., à Alban et Puylaurens; 90 fr. pour un an, 70 fr. pour cinq mois, à Graulhet; 60 à 160 fr., à Lisle et Lavaur, 90 à 150 fr., à Cadalen; 100 fr., à Villefranche, Castres, Brassac, Labruguière, Lautrec, Mazamet; Montredon, Roquecourbe, St-Amans-Soult, Vabre, Vielmur, Cuq-Toulza, St-Paul; 100 à 120 fr., à Albi; 110 fr., à Réalmont; 120 fr., à Montmiral; 140 fr., à Rabastens; 120 fr. pour les valets loués à l'année; 60 fr. pour ceux loués jusqu'au 11 novembre et 40 fr. pour ceux loués jusqu'au 8 septembre, à Salvagnac; 150 fr. à Monestiés; 150 à 220 fr. à Cordes; ils sont, en outre, nourris et logés.
Pas d'usage pour les autres cantons.

Du berger ?

Les gages du berger sont, avec la nourriture et le logement : 15 à 40 fr., à Valdériés; 25 fr. et un habillement complet, à Valence; 30 fr., à Pampelonne, Lautrec, Salvagnac, Puylaurens; 30 à 60 fr., à Cadalen, Lisle, Lavaur; 30 fr., le vestiaire et deux têtes au troupeau, à Villefranche; 30 à 100 fr., à Albi; 30 à 180 fr., à Monestiés; 35 à 40 fr., à St-Paul; 35 à 50 fr. pour un an, 25 à 30 fr. pour cinq mois, à Graulhet; 40 fr., à Cuq-Toulza, 60 à 70 fr., à Alban; 60 fr. et des effets d'habillement, à Réalmont; 60 à 100 fr., à Dourgne; 80 fr., à Montmiral et Rabastens; 80 à 120 fr., à Cordes; 100 fr., à

Castres, Montredon, Roquecourbe, Vabre, Vielmur;
100 fr. et deux brebis au troupeau, à Anglés; 120 fr.,
à Brassac, Labruguière, Mazamet; 150 fr., à St-
Amans-Soult; 180 fr. y compris les hardes et les
bêtes à laine nourries à son profit, à Murat; 200 fr.
y compris les fournitures et les bestiaux nourris à
son profit, à Lacaune.

Pas d'usage précis dans les autres cantons.

De la bergère ?

Les gages de la bergère sont : outre la nourriture et le logement : 10 à 40 fr., à Valdériés; 20 fr.,
à Salvagnac; 20 à 30 fr. pour un an; 15 à 20 fr.
pour cinq mois, à Graulhet; 20 à 110 fr., à Monestiés; 20 fr., le vestiaire et deux têtes au troupeau,
à Villefranche; 23 à 50 fr., à Albi; 30 fr., à Pampelonne, Lautrec, Cuq-Toulza, Puylaurens; 25 fr.
et un habillement complet, à Valence; 30 à 35 fr.,
à St-Paul: 30 à 60 fr., à Gaillac, Cadalen, Lisle,
Lavaur, Dourgne; 35 à 50 fr., à Alban; 40 fr. et
des effets d'habillement, à Réalmont; 40 fr., à Montmiral, 50 fr., à Vabre, Vielmur, Rabastens; 50 à
80 fr., à Cordes; 50 à 60 fr., à Roquecourbe; 60 fr.,
à Labruguière et Montredon; 70 fr., à Mazamet;
80 fr., à St-Amans-Soult; 100 fr., à Castres et Lacaune.

Pas d'usage dans les autres cantons.

De la servante ?

Les gages de la servante, y compris la nourriture et le logement, sont : 30 à 60 fr., à Valdériés;
40 fr. et un habillement complet, à Valence; 40 fr.,
à Cuq-Toulza et Puylaurens; 40 à 60 fr. pour un
an; 25 à 35 fr. pour cinq mois, à Graulhet; 40 à
60 fr., en ville; 60 à 90 fr., à la campagne, à Lisle

et à Lavaur; 40 à 80 fr., à Albi; 45 fr., à Anglés;
45 à 50 fr., à St-Paul; 50 fr., à Castres, Mazamet,
Vielmur, Salvagnac; 50 à 70 fr., à Alban, Gaillac,
Cadalen; 50 à 100 fr., à Cordes, y compris quel-
ques vêtements; 60 fr., à Pampelonne, Villefranche,
Brassac, Labruguière, Lautrec, Montredon, Vabre,
Montmiral; 60 à 80 fr., à Monestiés; 60 à 100 fr.,
à Roquecourbe; 70 fr., à Réalmont, Saint-Amans-
Soult, Rabastens.

Pas d'usage dans les autres cantons.

3° Les gages sont-ils payés d'avance, ou terme échu ?

Les gages sont payés : terme échu, à Albi, Alban,
Monestiés, Pampelonne, Valdériés, Valence, Villefranche, Castres, Anglés, Brassac, Dourgne, Labruguière, Lacaune, Lautrec, Mazamet, Montredon,
Murat, Roquecourbe, St-Amans-Soult, Vabre, Vielmur, Gaillac, Cordes, Lisle, Montmiral, Rabastens,
Salvagnac, Vaour, Lavaur, Cuq-Toulza, Puylaurens,
St-Paul; par fractions, dans le courant de l'année,
à Réalmont, Graulhet, Cadalen.

Pas d'usage dans les autres cantons.

4° Les valets agricoles, bergers et servantes peuvent-
ils être renvoyés du jour au jour et sans indemnité ?

Les valets agricoles, bergers et servantes peuvent
être renvoyés du jour au jour sans indemnité, mais
seulement lorsqu'il existe des motifs graves, à Albi,
Réalmont, Valdériés, Valence, Villefranche, Castres,
Brassac, Lacaune, Lautrec, Murat, Roquecourbe,
St-Amans-Soult, Vielmur, Cadalen, Cordes, Lisle,
Rabastens, Lavaur, Cuq-Toulza, Graulhet, Salvagnac;
avec indemnité, à Alban, Monestiés, Pampelonne,
Montmiral.

Pas d'usage précis dans les autres cantons.

Ou bien le congé doit-il être donné en un certain délai ?

Le congé doit leur être donné : huit jours avant l'époque à laquelle ils doivent sortir, à Gaillac, Lisle, Rabastens; un mois avant le terme, à Mazamet et Graulhet; trois mois avant le terme, à Lacaune et Lautrec; quelque temps avant leur sortie, à Murat et Lavaur; à la St-Jean, à Cordes.
Pas d'usage indiqué dans les autres cantons.

5° Pour quel temps et à quelle époque sont loués les valets pris pour la levée de la récolte ?

Les valets pour la levée de la récolte sont loués : pour deux semaines, au mois de juillet, à Anglés; pour deux ou trois mois, à Alban; du 24 juin au 1er novembre, à Valdériés, Villefranche, Lavaur; du 24 juin au 30 novembre, à Monestiés; du 24 juin au 28 septembre ou 11 novembre, à Cadalen; du 24 juin au 11 novembre, à Gaillac et Graulhet; de la St-Jean à la St-Martin, à Réalmont, Lautrec, Vaour; en avril ou en mai jusqu'au 1er octobre ou 1er novembre, à Brassac; de la St-Jean jusqu'après le battage, à Albi; en mars ou avril, à Dourgne; du 1er mai au 1er novembre, à Labruguière; pour trois mois, à partir du 1er juillet, à Lacaune; pour trois mois, à partir du 1er juin, à Mazamet et Murat; du 1er juin au 1er novembre, à Montredon; de la Pâque à la St-Martin, à Vielmur et Cordes; du 11 au 24 juin, au 8 septembre ou 11 novembre, à Lisle; du 24 juin au 8 septembre, à Rabastens et Salvagnac; pour la moisson, à Cuq-Toulza; de un à deux mois, à Puylaurens; du 1er mai à fin août, à St-Paul.
Pas d'usage dans les autres cantons.

Quels sont leurs gages?

Les gages des valets pris pour la levée de la récolte sont, avec la nourriture et le logement : trois hectolitres de blé ou bien 60 à 70 fr., à Albi; 15 à 20 fr. par mois, à Alban; 80 à 100 fr., à Monestiés; 70 fr., à Réalmont et Rabastens; 1 fr. par jour et la nourriture seulement, à Valdériés, Anglés, St-Amans-Soult; 60 à 70 fr., à Villefranche, Lisle, Lavaur, Graulhet; 60 à 80 fr., à Brassac; 60 à 100 fr., à Cordes; 100 fr. à Labruguière et Vielmur; 80 fr. pour trois mois, à Lacaune; 40 à 50 fr., suivant l'âge et la force, à Lautrec et Salvagnac; 60 fr., à Mazamet; 90 fr., à Montredon; 80 à 90 fr., à Murat; de 60 à 70 fr. en argent ou en grains, à Cadalen; un hectolitre de blé par homme et quatre cinquièmes par femme, à Cuq-Toulza; un ou deux deux hectolitres de blé, à Puylaurens; 40 à 45 fr., à St-Paul.

Pas d'usage dans les autres cantons.

6° Quand commence et finit la journée, et quel en est le salaire, pour :

Les travailleurs de terre?

Elle commence et finit du jour à la nuit et 50 c. et nourris, à Vaour; 50 à 60 c., selon les époques, d'un soleil à l'autre, à Anglés; 60 c. et nourris, d'un soleil à l'autre, à Lautrec et St-Amans-Soult; 60 à 75 c., d'un soleil à l'autre, à Brassac; 60 à 90 c. en hiver, 1 fr. à 1 fr. 20 c. en été, du jour à la nuit, à Dourgne; 60 c. et nourris du 1er septembre au 31 mars, 75 c. et nourris pour le reste de l'année, du jour à la nuit, à Monestiés, Valdériés, Valence; 75 c. du lever au coucher du soleil, à Alban et Pampelonne; 75 c. et nourris, d'un soleil

à l'autre, à Villefranche; 80 c. en hiver, 1 fr. à
1 fr. 75 c. en été, d'un soleil à l'autre, avec demi-
litre de vin, si le propriétaire en a, à Lisle; 1 fr.,
d'un soleil à l'autre, à Montredon, Montmiral, Cuq-
Toulza, St-Paul, Salvagnac; 1 fr. et la nourriture,
du jour à la nuit, à Lacaune et Murat; 1 fr. du
1er novembre à Pâques, 1 fr. 25 c. de Pâques au
1er novembre, en hiver du jour à la nuit, en été
de six heures du matin à six heures du soir, à
Labruguière; 1 fr. en hiver, de sept heures du
matin à cinq heures du soir, 1 fr. 25 c. en été, de
cinq heures du matin à sept heures du soir, à
Mazamet; 1 fr. de six heures du matin à six heures
du soir, à Roquecourbe, Vielmur, Puylaurens; 1 fr.
ou 50 c. et la nourriture, d'un soleil à l'autre, à
Cadalen; 1 fr. à 1 fr. 50 c. ou 60 c. et la nourriture, d'un soleil à l'autre, à Cordes; 1 fr. en hiver,
1 fr. 50 c. en été, d'un soleil à l'autre, à Lavaur;
1 fr. 25 c., d'un soleil à l'autre, à Castres, Gaillac,
Rabastens; 1 fr. 25 c. en été, de six heures du
matin à six heures du soir; en hiver, de sept heures
du matin à cinq heures du soir, à Réalmont et
Graulhet; 1 fr. 25 c. à 1 fr. 75 c. à la ville, 1 fr. à
1 fr. 25 c. à la campagne, d'un soleil à l'autre, à
Albi; pas d'usage indiqué pour le prix, à Vabre, où
la journée dure d'un soleil à l'autre.

Les vignerons ?

La journée commence et finit au prix de : 1 fr.
20 c. de six heures du matin à six heures du soir,
à Puylaurens; 1 fr. 25 c. à 1 fr. 50 c. du jour à quatre
heures du soir, à Gaillac; 1 fr. 25 c. du jour à la
nuit, à Salvagnac, Cuq-Toulza, St-Paul; 1 fr. 40 c.,
d'un soleil à l'autre, à Rabastens; mêmes conditions que pour les travailleurs de terre, à Albi,
Alban, Monestiés, Pampelonne, Réalmont, Valdé-

riés, Valence, Villefranche, Castres, Anglés, Brassac, Labruguière, Lautrec, Mazamet (1 fr. 25 c.), Montredon, Roquecourbe, Vielmur, Cadalen, Cordes, Lisle, Montmiral, Vaour, Lavaur, Graulhet; pas d'usage à St-Amans-Soult, Murat, Lacaune, Dourgne, Vabre, où il n'y a pas de vignobles.

Les faucheurs ?

Pour les faucheurs : 60 c. et nourris, d'un soleil à l'autre, à Lautrec; 1 fr., du jour à la nuit, à Alban, Montredon, Vaour (nourris); 1 fr. et la nourriture, du lever au coucher du soleil, à Valdériés, Valence, Villefranche, Anglés, St-Amans-Soult, Montmiral, St-Paul; 1 fr. à 1 fr. 25 c., d'un soleil à l'autre, à Brassac; 1 fr. à 2 fr. 50 ou 3 fr. et la nourriture, d'un soleil à l'autre, à Lavaur; 1 fr. 25 c. du lever au coucher du soleil, à Pampelonne et Murat; 1 fr. 25 c. et la nourriture, du jour à la nuit, à Monestiés, Lacaune, Cuq-Toulza, sans nourriture dans ce dernier canton; 1 fr. 50 c., de six heures du matin à six heures du soir, à Puylaurens; 1 fr. 50 c. à 2 fr., de six heures du matin à six heures du soir, à Roquecourbe et Vielmur; 1 fr. 50 c. à 2 fr., avec les boissons en sus, d'un soleil à l'autre, à Lisle; 1 fr. 75 c., du jour à la nuit, à Dourgne; 2 fr., du jour à la nuit, à Labruguière, Mazamet, Salvagnac; 2 fr., d'un soleil à l'autre, à Rabastens et Graulhet; 2 fr. et la boisson, de quatre heures du matin à huit heures du soir, à Réalmont et Castres; 2 fr. 25 c. ou 1 fr. et la nourriture, d'un soleil à l'autre, à Cadalen et Cordes; 2 fr. 25 c. à 2 fr. 50 c., du jour à la nuit, à Gaillac; 2 fr. 50 c., d'un soleil à l'autre, à Albi; pas d'usage indiqué à Vabre.

Les moissonneurs ?

La journée commence et finit aux prix suivants :
75 c. à 2 fr. 25 c. et la nourriture, d'un soleil à
l'autre, à Lisle; 1 fr. et la nourriture, d'un soleil à
l'autre, à Anglés, Montredon, Saint-Amans-Soult,
Montmiral, Vaour, St-Paul; 1 fr. à 1 fr. 50 c. du
jour à la nuit, à Alban; 1 fr. à 1 fr. 25 c., d'un
soleil à l'autre, à Brassac; 1 fr. à 2 fr. 50 c. et
la nourriture, d'un soleil à l'autre, à Lavaur; 1 fr. à
3 fr. et la nourriture, d'un soleil à l'autre, à Cordes;
1 fr. 25 c. et la nourriture, d'un soleil à l'autre,
à Valdériés, Valence, Lacaune, Murat, Cadalen;
1 fr. 25 c. à 2 fr. et la nourriture, du lever du
soleil à demi-heure après son coucher, à Gaillac;
1 fr. 40 c. et la nourriture, du jour à la nuit, à
Réalmont; 1 fr. 50 c., du jour à la nuit, à Dourgne,
Labruguière, Puylaurens; 1 fr. 50 c. et la nourriture, d'un soleil à l'autre, à Lautrec, Vielmur, Albi,
Pampelonne; 1 fr. 50 c. à 2 fr. 50 c., de six heures
du matin à six heures du soir, à Roquecourbe; 2 fr.,
du jour à la nuit, à Castres, Mazamet, Salvagnac,
Graulhet; 2 fr. et la nourriture, du jour à la nuit, à
Cuq-Toulza; 2 fr. 50 c., d'un soleil à l'autre, à
Rabastens; pas d'usage précis, à Monestiés, Vabre,
Villefranche; néanmoins, les prix sont fixés dans
la plupart des cantons selon les besoins et le taux
fixé sur la place publique

Les vendangeurs ?

La journée, pour les vendangeurs, commence et
finit aux prix suivants : 25 c. pour les femmes,
75 c. et 1 fr. pour les hommes et la nourriture,
d'un soleil à l'autre, à Albi; 25 c. et la nourriture,
du lever au coucher du soleil, à Valence et Mont-

redon; 30 c. et la nourriture, du lever au coucher
du soleil, à Pampelonne; 30 c. pour les femmes,
1 fr. pour les hommes, et la nourriture, d'un soleil
à l'autre, à Lavaur; 30 c. pour les femmes et 75 c.
pour les hommes, et la nourriture, du lever au
coucher du soleil, à Valdériés; 40 c. et la nourriture, d'un soleil à l'autre, à Lautrec; 40 c. pour les
femmes; 60 c. pour les hommes, et la nourriture,
d'un soleil à l'autre, à Cordes; 40 c. et la nourriture, du jour à la nuit, à Alban; 50 c. et la nourriture, du jour à la nuit, à Vaour; 30 c. pour les
femmes, 1 fr. pour les hommes, et la nourriture,
d'un soleil à l'autre, à Lavaur; 60 c. pour les femmes et enfants, 1 fr. pour les hommes, la moitié
s'ils sont nourris, d'un soleil à l'autre, à Cadalen;
60 c. pour les femmes, 1 fr. pour les hommes, de
six heures du matin à six heures du soir, à Castres, Roquecourbe, Lisle; 60 c. et nourri, du jour
à la nuit, à Monestiés; 60 c. pour les femmes, 1 fr.
pour les hommes, et la nourriture, du jour à la
nuit, à Réalmont; 75 c., d'un soleil à l'autre, à
Rabastens; 1 fr., d'un soleil à l'autre, à Dourgne,
Labruguière, Puylaurens, Cuq-Toulza, Saint-Paul,
Montmiral, Salvagnac, Vielmur, Gaillac; 1 fr. 50 c.,
du lever au coucher du soleil, à Mazamet; pas d'u-
sage fixe, à Villefranche, Anglés, Brassac, Lacaune,
Murat, St-Amans-Soult, Vabre.

Les laboureurs ?

La journée, pour les laboureurs, commence et
finit au prix suivants : 50 c. et la nourriture, du
jour à la nuit, à Vaour; 60 c. et la nourriture, d'un
soleil à l'autre, à Valence et Cordes; 75 c., d'un
soleil à l'autre, à Pampelonne et Valdériés; 1 fr.
pour un travail de huit heures, à Labruguière, Lacaune, Montredon; 1 fr. par rejointe de quatre heures

et nourris, à Anglés; 1 fr. et nourris, du jour à la nuit, à Murat et St-Amans-Soult; 1 fr., d'un soleil à l'autre, à Montmiral, Graulhet, Puylaurens; 1 fr. en hiver, 1 fr. 50 c. en été, d'un soleil à l'autre, à Lavaur; 1 fr. 25 c., du lever au coucher du soleil, à Mazamet; 1 fr. 50 c., du jour à la nuit, à Albi, Rabastens, Salvagnac; 1 fr. 50 c. par rejointe, à Villefranche, Lautrec, Vielmur, Cuq-Toulza, Lisle, St-Paul; 2 fr. par rejointe sans nourriture, à Roquecourbe; 3 fr. pour une journée de six heures, à Alban, Réalmont, Cadalen; 4 fr. par journée, lorsqu'ils amènent les bestiaux, à Monestiés; 5 fr. et nourris, du jour à la nuit, à Gaillac; pas d'usage à Castres, Brassac, Dourgne, Vabre.

7° Comment se louent les ouvriers agricoles ?

Ils se louent de la manière suivante : chez eux ou au marché, surtout au moment de la moisson, à Salvagnac, Cordes, Montmiral, Gaillac, Cadalen, Vaour; sur la place, à la ville, à domicile, à la campagne, à Albi, Lisle, Rabastens, Lavaur; le dimanche, à la sortie de la grand'messe, à Montredon et St-Amans-Soult; à la journée, par simple convention avec eux, à Alban, Pampelonne, Réalmont, Valdériés, Villefranche, Lautrec, Mazamet, Cuq-Toulza, Graulhet, Puylaurens, St-Paul; pas d'usage à Monestiés, Castres, Anglés, Brassac, Dourgne, Labruguière, Lacaune, Murat, Roquecourbe, Vabre, Vielmur.

Comment se fixe le prix de la journée ?

Par convention arrêtée journellement, à la ville; prix fixe, à la campagne, à Albi; par convention, à Alban, Valdériés, Cordes, Cuq-Toulza, Graulhet;

sur la place publique, chaque matin, à Monestiés; pour toute l'année, à St-Paul; de gré à gré, à Pampelonne, Réalmont, Valdériés, Villefranche, Anglés, Brassac, Labruguière, Lacaune, Lautrec, Mazamet, Montredon, Murat, St-Amans-Soult, Vielmur, Gaillac, Cadalen, Lisle, Montmiral, Rabastens, Salvagnac, Vaour, Lavaur, Puylaurens; pas d'usage à Castres, Dourgne, Roquecourbe, Vabre.

8° Sont-ils nourris par le maître ?

Généralement non, à Albi, Castres, Dourgne, Labruguière, Lautrec, Roquecourbe, Gaillac, Rabastens, Salvagnac, St-Paul; non à la ville, oui à la campagne, à Lavaur; oui, pour les faucheurs, moissonneurs et vendangeurs, à Montredon; oui, pour les faucheurs et moisssonneurs, à Puylaurens; oui, pour les moissonneurs, rarement pour les autres, à Lisle et Cuq-Toulza; pas d'usage à Montmiral et Vielmur; oui dans les autres cantons.

9° Doivent-ils apporter les outils?

Oui, sauf les laboureurs, à Lacaune, Murat, Lisle; oui dans tous les autres cantons.

10° Quand commence et finit la journée, et quel est le salaire, pour :
Les maçons ?

La journée des maçons commence et finit au prix de : 1 fr., du jour à la nuit, à Alban, Pampelonne, Valdériés, Villefranche, Anglés, Brassac, Lisle, Montmiral; 1 fr. du 1er mars au 1er novembre, 75 c. le reste de l'année et la nourriture, d'un soleil à l'autre, à Valence; 1 fr. et nourris, du jour à la nuit, à Monestiés et Vaour; 1 fr. et nourris ou 1 fr. 50 c. à 2 fr. et non nourris, d'un soleil à l'autre, à St-Amans-Soult et Cadalen; 1 fr. 25 c. et nourris, du jour à la nuit, à Murat; 1 fr. 25 c. et nourris ou 2 fr. 25 c. non nourris, d'un soleil à l'autre, à Cordes; 1 fr. 50 c. du jour à la nuit, à Réalmont; 1 fr. 50 c. d'un soleil à l'autre, à Lautrec, Montredon, Vielmur, Gaillac, Rabastens, Lavaur, Cuq-Toulza, Graulhet, Puylaurens; 1 fr. 50 c. à 1 fr. 75 c., du jour à la nuit, à Dourgne et Labruguière; 1 fr. 50 c. et nourris, d'un soleil à l'autre, à St-Paul; 1 fr. 75 c., pour douze heures de travail, à Roquecourbe; 1 fr. 75 c. en hiver, 2 fr. en été, du jour à la nuit, à Mazamet; 1 fr. 75 c. à 2 fr. 25 c. à la ville, 1 fr. et nourris à la campagne, de cinq heures du matin à sept heures du soir, en été; du jour à la nuit, en hiver, à Albi; 2 fr., d'un soleil à l'autre, à Lacaune, Vabre, Salvagnac; pas d'usage à Castres.

Les charpentiers ?

Mêmes conditions que pour les maçons, dans tous les cantons, excepté dans ceux de Lacaune, 2 fr. 50 c.; Roquecourbe, 2 fr.; St-Paul, 1 fr. 50 c., sans nourriture.

Les manœuvres ?

La journée des manœuvres, qui a la même durée que celle des maçons, se paye : 25 ou 50 c., à Cadalen ; 50 c., à Valdériés, Villefranche, Anglés, Montmiral; 50 c. et nourris, à Vaour; 50 à 60 c., à Brassac; 60 c., à Pampelonne, Réalmont, Vielmur, Gaillac, Lisle, Rabastens; 60 c. à 1 fr., à

Dourgne; 60 c. et la nourriture, à Monestiés et Valence; 60 à 80 c., à Albi; 60 à 75 c., à Lavaur et Graulhet; 60 c. et la nourriture, ou 1 fr. 50 c. sans nourriture, à Cordes; 75 c. ou 1 fr., suivant la force, à St-Amans-Soult; 1 fr., à Labruguière, Lacaune, Montredon, Roquecourbe, Salvagnac, Cuq-Toulza, St-Paul; 1 fr. en hiver, 1 fr. 25 c. en été, à Mazamet; 1 fr. et nourris, à Murat; 1 fr. 25 c., à Vabre; pas d'usage à Castres.

Les menuisiers ?

La journée des menuisiers, qui a la même durée que celle des maçons, se paye : 1 fr., à Alban, Pampelonne, Villefranche, Anglés, Brassac; 1 fr. et nourris, à Monestiés, Valdériés, Valence, Vaour; 1 fr. ou 1 fr. 50 c., à Cadalen, Lisle, Montmiral; 1 fr. 25 c. et nourris, à Murat, Cuq-Toulza, Cordes, ou 2 fr. 25 c. sans nourriture, dans ce dernier canton; 1 fr. 75 c. et nourris, à St-Paul; 2 fr., à Réalmont, Dourgne, Labruguière (pour douze heures), Lacaune, Lautrec, Mazamet, Montredon, Roquecourbe, Vabre, Vielmur, Gaillac, Rabastens, Salvagnac, Lavaur, Graulhet, Puylaurens, St-Amans-Soult; pas d'usage à la ville, 1 fr. et nourris à la campagne, à Albi; pas d'usage à Castres.

Les charrons ?

La journée des charrons, ayant la même durée que celle des maçons, se paye : 1 fr., à Pampelonne, Villefranche, Anglés, Brassac; 1 fr. et nourris, à Monestiés, Valdériés, Valence, Lacaune, Vaour; 1 fr. et nourris, 2 fr. sans nourriture, à St-Amans-Soult et Gaillac; 1 fr. ou 1 fr. 50 c., à Cadalen; 1 fr. 25 c. et nourris, ou 2 fr. 25 c. non nourris, à

Cordes; 1 fr. 25 c. et nourris, à Albi; 1 fr. 50 c., à Réalmont, Labruguière, Lautrec, Montredon, Vielmur; 1 fr. 50 et nourris, à Murat et Cuq-Toulza; 1 fr. 75 c. et nourris, à St-Paul; 2 fr., à Dourgne, Mazamet, Roquecourbe, Vabre, Rabastens, Salvagnac, Graulhet, Puylaurens; 2 fr. et nourris, à Montmiral; à leurs pièces, à Lisle et Lavaur; pas d'usage à Alban et Castres.

Les tailleurs de pierre ?

La journée des tailleurs de pierre, ayant la même durée que celle des maçons, se paye : 1 fr. et nourris, à la campagne, 1 fr. 75 c. à 2 fr. 25 c., à la ville, à Albi; 1 fr. et nourris, à Monestiés, Pampelonne, Valence, Villefranche, Anglés, Brassac, Vaour; 1 fr. et nourris, 1 fr. 50 c. sans nourriture, à Cadalen; 1 et 2 fr., à St-Amans-Soult; 1 fr. 25 c. et nourris, 2 fr. 25 c. non nourris, à Cordes; 1 fr. 25 c. et nourris, à Murat; 1 fr. 50 c. à 1 fr. 75 c., à Dourgne, Labruguière, Vielmur, Lavaur, Cuq-Toulza, Graulhet, Puylaurens; 1 fr. 50 c. à 2 fr., à Lisle; 2 fr. à Lacaune, Lautrec, Roquecourbe, Vabre, Gaillac, Montmiral; 2 fr. et nourris, à St-Paul; 2 fr. 50 c., à Mazamet; pas d'usage à Alban, Castres, Réalmont, Valdériés, Montredon, Rabastens, Salvagnac.

Les tonneliers ?

La journée des tonneliers, ayant la même durée que celle des maçons, se paye : 1 fr. et nourris, à Pampelonne, Valdériés, Valence, Villefranche, Montmiral, Vaour; 1 fr. ou 1 fr. 50 c. sans nourriture, à Cadalen et Rabastens; 1 fr. à 1 fr. 25 c. et nourris, à Albi; 1 fr. 25 c. et nourris, 2 fr. 25 c. non

nourris, à Cordes; 1 fr. 50 c., à Réalmont, Labru-
guière, Vielmur, Gaillac, Lisle, Lavaur, Cuq-Toulza,
St-Paul (nourris); 2 fr., à Mazamet, Roquecourbe,
Vabre, Salvagnac, Graulhet.

Pas d'usage dans les autres cantons.

Les tisserands ?

La journée des tisserands, ayant la même durée
que celle des maçons, se paye : 75 c. et nourris,
à Anglés; 1 fr. 50 c., à Salvagnac; 8 fr. par mois
et nourris, à Gaillac et Graulhet.

Pas d'usage dans les autres cantons, où ils ne sont
pas à la journée.

Les tailleurs d'habits ?

La journée des tailleurs d'habits, ayant la même
durée que celle des maçons, se paye : 40 c. et nourris,
à la campagne, 75 c. et nourris, à la ville, à Albi;
50 c. et nourris, à Valdériés, Anglés, Cadalen (1 fr.
sans nourriture), Lisle, Vaour, Lavaur, Saint-Paul;
50 à 60 c. et nourris, à Dourgne; 60 c. et nourris,
à Alban, Monestiés, Pampelonne, Valence, Villefranche, Labruguière, Lautrec, Montredon, Vielmur,
Gaillac, Cordes, Montmiral, Cuq-Toulza; 60 à 75 c.
et nourris, à Réalmont, Brassac, Murat, St-Amans-
Soult, Puylaurens; 1 fr., à Rabastens et Salvagnac;
1 fr. et la nourriture, à Lacaune et Roquecourbe;
1 fr. 50 c., à Mazamet; 10 à 20 fr., par mois, à
Graulhet; pas d'usage, à Castres et Vabre.

Les couturières ?

La journée des couturières, ayant la même durée
que celle des ouvriers ci-dessus, se paye : 30 c., à

la campagne, 50 c., à la ville, à Albi; 30 à 50 c.
et nourries, à Graulhet; 30 c. et nourries, à Pampelonne, Valdériés, Cadalen, Montmiral; 40 c. et
nourries, à Alban, Monestiés, Valence, Montredon,
Cordes, Réalmont, St-Paul; 40 ou 50 c. et nourries,
à Lisle et Lavaur; 50 c. et nourries, à Villefranche,
Anglés, Brassac, Labruguière, Lacaune, Lautrec,
Murat, Roquecourbe, Saint-Amans-Soult, Vielmur,
Gaillac, Vaour, Cuq-Toulza, Puylaurens; 80 c., à
Rabastens et Salvagnac; 1 fr., à Mazamet; 1 fr.
50 c., à Vabre; pas d'usage à Castres et Dourgne.

Les lavandières ?   ⌐

La journée des lavandières, dont la durée varie
suivant les besoins et les usages de chaque particulier qui les emploie, se paye : 35 c. et nourries,
à Pampelonne et Valdériés, 40 c. et nourries, à
Valence, Cordes, Montmiral; 40 à 50 c. et nourries,
à Dourgne, Cadalen, Rabastens; 50 à la campagne,
75 c. à la ville, plus la nourriture, à Albi; 50 c.
et nourries, à Alban, Monestiés, Villefranche, Anglés, Brassac, Labruguière, Lacaune, Murat, St-
Amans-Soult, Vielmur, Vaour, Cuq-Toulza, Graulhet,
St-Paul; 60 c. et nourries, à Montredon et Roquecourbe; 75 c. et nourries, à Mazamet; 1 fr. à Réalmont, Lautrec, Lisle, Lavaur, Salvagnac, Puylaurens
(nourries); 1 fr. 50 c., à Vabre, Gaillac (ou 60 c.
et nourries); pas d'usage à Castres.

11° Ces ouvriers sont-ils nourris par le maître ?

Il y a été répondu aux questions précédentes.

12° A quelle époque les maîtres meuniers entrent-ils

dans le moulin à eau ou à vent, et doivent-ils en sortir ?

Au mois de mars, à Vielmur; à la St-Jean, à Albi, Cordes, Lisle, Montmiral, Rabastens, Salvagnac, Vaour; au 29 septembre ou 1er novembre, à Brassac et St-Amans-Soult; aux 30 et 29 septembre, à Anglés; au 1er novembre, à Alban, Cuq-Toulza, St-Paul.

Pas d'usage dans les autres cantons.

13· A quelle époque le congé doit-il leur être donné?

Le congé doit être signifié aux maîtres meuniers : huit jours avant la fin du mois, à Graulhet; un mois à l'avance, à Labruguière; trois mois à l'avance, à Albi, Alban, Villefranche, Anglés, Cuq-Toulza; quatre mois à l'avance, à Brassac; six mois à l'avance, à Mazamet, Vielmur, Gaillac, Cordes, Lisle, Montmiral; avant le 25 mars, à St-Paul; au 24 décembre, à Rabastens et Salvagnac.

Pas d'usage dans les autres cantons.

14° Quels sont les gages des maîtres meuniers ?

15 à 20 fr. par mois et nourris, à Lavaur; 20 fr. par mois et nourris, à St-Paul; 22 fr. par mois et nourris, à Labruguière; 25 fr. par mois et nourris, à Vielmur et Graulhet; 50 fr. par mois, à Rabastens; 150 fr. par an, à Alban; 200 fr., à Pampelonne, Salvagnac (et nourris); 600 à 700 fr. par an et, s'ils sont nourris, 30 fr. par mois, à Gaillac; 600 à 800 fr., à Albi; moitié de la mouture, à Anglés, Mazamet, Cuq-Toulza; moitié ou un huitième de la mouture, à Lisle; un tiers du produit du moulin, à Montmiral; un sixième de la mouture, à Ville-

franche; à moitié fruits généralement, quelques-uns fermiers, à Cordes.

Pas d'usage dans les autres cantons.

Comment les gages sont-ils payés ?

Les gages des maîtres meuniers sont payés : en nature, à Villefranche, Anglés, Mazamet, Lisle, Montmiral, Cuq-Toulza.

En argent, dans les autres cantons.

15° A quelle époque et pour quel temps sont loués les garçons meuniers ?

Les garçons meuniers sont loués : à toute époque et au mois, à Albi, Valdériés, Brassac, Dourgne, Labruguière, Mazamet, Roquecourbe, Saint-Amans-Soult, Vielmur, Gaillac, Lisle, Rabastens, Lavaur, Graulhet, St-Paul; sans époque fixe et pour un an, à Alban, Réalmont, Salvagnac, Cordes; le 24 juin pour un an, à Pampelonne, Montmiral, Vaour; à toute époque, de trois en trois mois, à Villefranche; le 30 septembre pour un an, à Anglés.

Pas d'usage dans les autres cantons.

16° Quels sont leurs gages ?

Les gages des garçons meuniers sont : 10 fr. par mois et nourris, à Cuq-Toulza; 12 fr. par mois et nourris, à Brassac; 12 à 15 fr. par mois et nourris, à Graulhet; 16 fr. par mois et nourris, à Mazamet; 15, 18, 20 ou 25 fr. par mois et nourris, à Albi, Valdériés, Labruguière, Lautrec, Roquecourbe, St-Amans-Soult, Vielmur, Gaillac, Lisle, Rabastens, Lavaur, St-Paul; 50 fr. par an et nourris, à Alban; 100 fr. par an et nourris, à Villefranche et Anglés,

100 à 200 fr. par an, à Cordes; 120 à 160 fr. par an, à Réalmont; 150 fr. par an et nourris, à Pampelonne et Salvagnac; 200 fr. par an et nourris, à Montmiral.

Pas d'usage dans les autres cantons.

17° Est-on tenu de leur donner congé à l'avance ?

Oui, à Villefranche; non, à Albi, Alban, Pampelonne, Réalmont, Anglés, Dourgne, Lautrec, Mazamet, Cordes, Lisle, Montmiral, Rabastens, Salvagnac, Vaour, Lavaur, Cuq-Toulza; huit jours avant l'expiration du terme de la sortie, à Brassac, Labruguière, Roquecourbe, Gaillac, Graulhet, Saint-Paul; 15 jours à l'avance, à Valdériés, St-Amans-Soult, Vielmur.

Pas d'usage dans les autres cantons.

18° Quand commence et finit la journée des ouvriers employés dans les usines et fabriques ?

La journée des ouvriers employés dans les usines ou fabriques dure, savoir : du jour à la nuit, à Vaour, Cuq-Toulza, St-Paul; de l'aurore à la nuit, à Réalmont; d'un soleil à l'autre, à Montredon et Lavaur; de quatre heures du matin à midi, ou de midi à huit heures du soir dans les mines, à Monestiés; de cinq à six heures du matin jusqu'à six à sept heures du soir, à Gaillac; de cinq heures du matin à sept heures du soir, à Albi, Brassac, Mazamet, St-Amans-Soult; de cinq heures du matin à six heures du soir, à Graulhet; de cinq heures du matin à huit heures du soir, à Castres; de six heures du matin à six heures du soir, à Labruguière et Lacaune; de midi à minuit, ou de minuit à midi, à Villefranche.

Pas d'usage dans les autres cantons.

19° Quel est le salaire dans les :
Briqueteries ?

Les ouvriers employés dans les briqueteries gagnent : 25 c. et nourris, à Montredon ; 60 c. et la nourriture, à St-Amans-Soult ; 1 fr., à Vielmur et St-Paul ; 1 et 1 fr. 25 c. et la nourriture, à Cordes ; 1 fr. 25 c. et la nourriture, à Cuq-Toulza ; 1 fr. 50 c., à Monestiés, Réalmont, Labruguière, Mazamet, Montmiral, Graulhet, Puylaurens ; 2 fr., à Rabastens ; 2 fr. et la nourriture, à Salvagnac ; 10 fr. par 1,000 briques, les mouleurs ; 1 fr. 25 c. ceux qui pétrissent ; 75 à 90 c. les femmes, à Lavaur ; 12 à 15 fr. par mois et nourris, à Lautrec ; 150 à 200 fr. et la nourriture pour six mois ; la journée, 1 fr. 75 c. à 2 fr. et 2 fr. 75 c., à Albi et Gaillac.
Pas d'usage dans les autres cantons.

Filatures ?

Les ouvriers employés dans les filatures gagnent : 40 c. à 1 fr. 25 c. par jour, à St-Paul ; 1 fr. les hommes, 50 c. les femmes et les enfants, à Labruguière ; 1 fr. 25 c., à Brassac ; 1 fr. 25 c. à 1 fr. 50 c., à St-Amans-Soult ; 1 fr. 50 c., à Réalmont ; 2 fr. à Gaillac ; 2 fr. les hommes, 1 fr. 25 c. les femmes, à Lavaur ; ils travaillent à leurs pièces, à Albi, Castres, Lacaune, Mazamet.
Pas d'usage dans les autres cantons.

Minoteries ?

Les ouvriers dans les minoteries gagnent : 1 fr. 25 c., à St-Paul ; 1 fr. 50 c., à Albi ; 2 fr. les hommes, 1 fr. les femmes, à Lavaur.
Pas d'usage dans les autres cantons.

Faïenceries ?

Les ouvriers des faïenceries gagnent : 1 fr. 25 c. à 1 fr. 50 c., à Graulhet; ils sont à la tâche, à Albi.
Pas d'usage dans les autres cantons.

Scieries ?

Les ouvriers des scieries gagnent : 1 fr. 50 c., à Albi, Labruguière, Lavaur; 1 fr. 50 c. à 2 fr., à Gaillac; la moitié du produit, à Anglés.
Pas d'usage dans les autres cantons.

Houillères ?

Le salaire des ouvriers des houillères est variable et fixé par le directeur des mines, à Monestiés.
Pas d'usage dans les autres cantons.

Carrières ?

Les ouvriers dans les carrières gagnent : 60 c. et nourris, ou 1 fr. à 1 fr. 50 c. non nourris, d'après les saisons, à Cordes; 1 fr. 50 c., à Albi, Réalmont, Labruguière, Mazamet, St-Paul; 1 fr. 50 c. à 2 fr., à Lavaur; 2 fr., à Montmiral; ces travaux sont ordinairement donnés à l'entreprise, à Gaillac et Graulhet.
Pas d'usage pour les autres cantons.

Usines à gaz ?

Les salaires, dans les usines à gaz, est le suivant : 1 fr. 50 c. à 3 fr., à Albi; 2 fr., à Mazamet.
Pas d'usage dans les autres cantons.

Usines métallurgiques ?

Les ouvriers des usines métallurgiques gagnent :
1 fr. 25 c. à 10 fr., à Villefranche.
Pas d'usage dans les autres cantons.

Papeteries ?

Il n'existe pas dans le département d'usage pour
l'industrie des papeteries.

Distilleries ?

Les ouvriers, dans les distilleries, gagnent : 1 fr.
75 c., à Albi; 2 fr., à Gaillac.
Pas d'usage dans les autres cantons.

Fours à chaux et à plâtre ?

Les ouvriers, dans les fours à chaux et à plâtre,
gagnent : 75 c. et nourris, ou 1 fr. 50 c. non nourris,
à Cordes; 1 fr., à Murat et St-Paul; 1 fr. et la
nourriture, à Lacaune; 1 fr. à 1 fr. 25 c., à Lavaur
et Cuq-Toulza; 1 fr. 50 c., à Albi, Monestiés, Réalmont, Valdériés, Graulhet, Villefranche, Labruguière; 2 fr., à Mazamet, Gaillac, Montmiral.
Pas d'usage dans les autres cantons.

Boulangeries ?

Les ouvriers, dans les boulangeries, gagnent : 1 fr.,
à Cuq-Toulza; 2 fr., à Mazamet; 10 à 12 fr. par
mois et la nourriture, à Lisle et St-Paul; 12 fr.

par mois et la nourriture, à Albi, 12 à 14 fr. par mois et la nourriture, à Lavaur; 12 à 15 fr. par mois et la nourriture, à Graulhet; 15 fr. par mois et la nourriture, à Labruguière, Gaillac, Puylaurens; 16 à 18 fr. par mois et la nourriture, à Brassac et Lautrec; 20 fr. par mois et la nourriture, à Salvagnac; 100 fr. par an et la nourriture, à Alban; 100 à 150 fr. par an et la nourriture, à Cordes.

Pas d'usage dans les autres cantons.

Carrosseries ?

Les ouvriers carrossiers gagnent : 2 fr. par jour, à Albi et Gaillac; 4 fr. par jour, à Lavaur.

Pas d'usage dans les autres cantons.

Forges ?

Les ouvriers des forges gagnent : 1 fr. 25 c. à 10 fr., à Villefranche; 1 fr. 50 c., à Mazamet; 2 fr., à Albi et Gaillac; 3 fr., à Lavaur; 8 à 10 fr. par mois et nourris, à St-Paul; 10 fr. par mois et la nourriture, à Valdériés; 12 à 14 fr. par mois et nourris, à Graulhet.

Pas d'usage dans les autres cantons.

Imprimeries ?

Les ouvriers imprimeurs gagnent : 2 fr., à Mazamet et Gaillac; 2 à 3 fr., à Albi.

Pas d'usage dans les autres cantons.

Observations générales relatives aux salaires.

Dans ces derniers temps, les salaires se sont graduellement augmentés dans le plus grand nombre

des cantons du département. Aussi, le travail ci-
dessus, fait déjà depuis un certain temps, ne doit
pas servir de base absolue, mais seulement de base
proportionnelle pour la fixation des salaires.

CHAPITRE XIV.

PARCOURS ET VAINE PATURE.

1° Existe-t-il un usage local immémorial sur le droit de parcours et de vaine pâture ?

Quel est cet usage ?

2° Quelque conseil municipal de canton a-t-il fait un règlement sur l'exercice du droit de parcours et de vaine pâture, en vertu des articles 15 de la loi du 28 pluviôse an VIII ; 13, section 4 de la loi du 28 septembre, 16 octobre 1791-97, de la loi du 18 juillet 1837 ?

3° Le droit de pâture est-il réciproque entre tous les propriétaires de la même commune ou paroisse ?

A-t-il lieu seulement entre les propriétaires contigus de bois ou de pâturage ?

Existe-t-il seulement pour les biens communaux ?

1° Existe-t-il un usage local immémorial sur le droit de parcours et de vaine pâture ?

Quel est cet usage ?

Le parcours et la vaine pâture sont inconnus dans les cantons du département, sauf les exceptions suivantes.

Cet usage a lieu pour tous les biens communaux. Il a lieu sur la prairie de Massoulard, commune de Cuq-Toulza, canton de ce nom, entre tous les propriétaires des diverses parcelles qui composent la prairie. Les nombreuses prairies de la vallée du Girou, canton de Lavaur, sont soumises au droit de vaine pâture. Elle est même devenue très-abusive dans ces prairies. Ce droit n'existe que pour le gros bétail, mais on en use pour les bêtes à laine Les propriétaires désirent depuis longtemps un règlement pour mettre un terme à ces abus. — A Montmiral, la vaine pâture a lieu dans les prairies de rive ; l'espèce bovine et chevaline peuvent y être introduites depuis la fauchaison des prés non clos jusques au mois de décembre.

2° Quelque conseil municipal de canton a-t-il fait un règlement sur l'exercice du droit de parcours et de vaine pâture, en vertu des articles 15 de la loi du 28 pluviôse an VIII ; 13, section 4 de la loi du 28 septembre, 16 octobre 1791-97, de la loi du 18 juillet 1837 ?

Oui, à Montmiral, Puycelci et le Verdier.

3° Le droit de pâture est-il réciproque entre tous les propriétaires de la même commune ou paroisse ?

A-t-il lieu seulement entre les propriétaires contigus de bois ou de pâturage ?

Existe-t-il seulement pour les biens communaux ?

A Gaillac, il n'a lieu que dans les propriétés voisines sur les jachères et dans les bois. Le droit de pâture existe aussi pour les biens communaux, à Cordes et Vaour ; à Montmiral, le droit de pâture a lieu dans les prairies non closes et entre les propriétaires contigus. — Dans les prés du Girou, elle a lieu dans les chaumes et les bois défensables. Tout le monde en use. Il existe aussi sur les biens communaux.

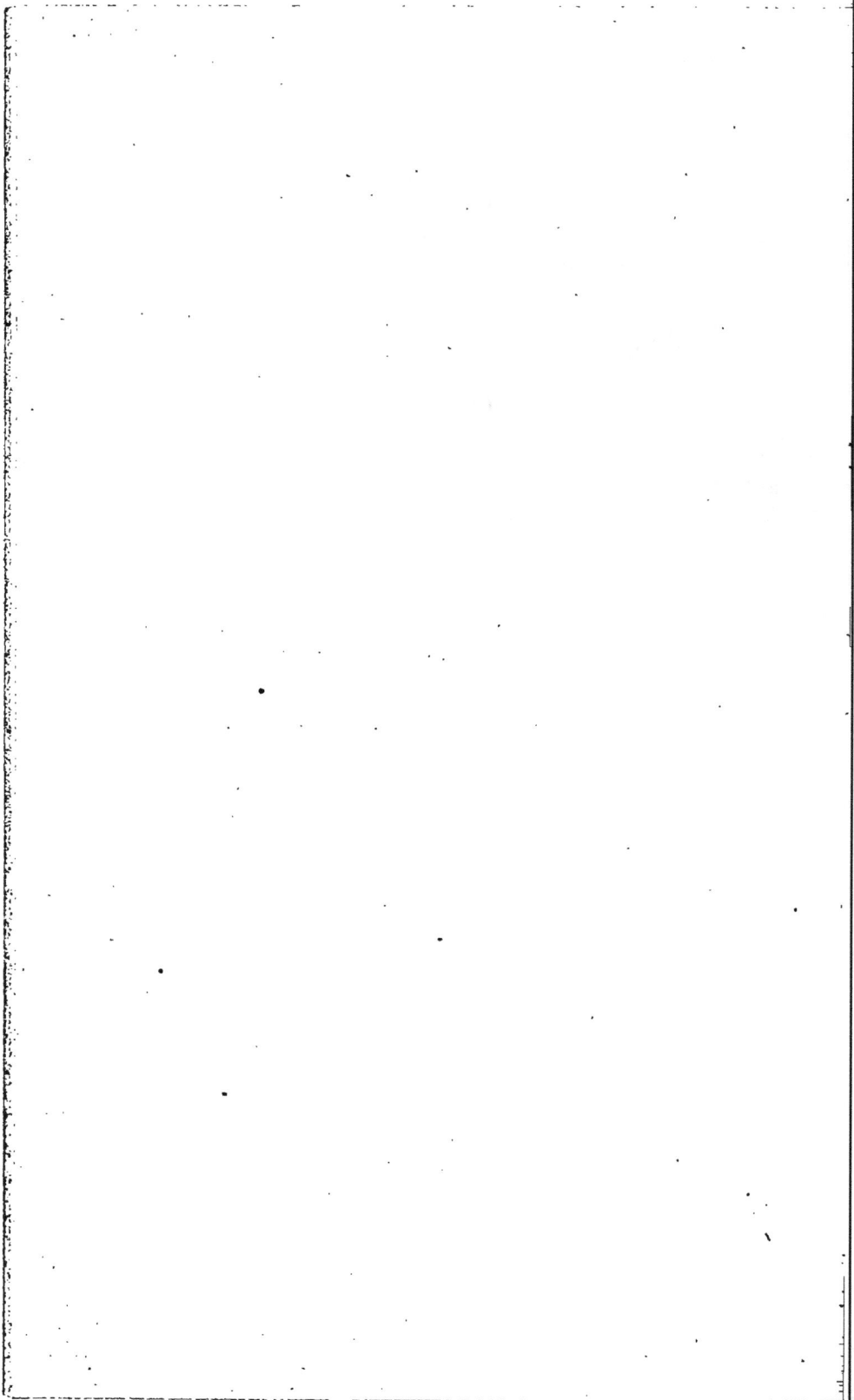

CHAPITRE XV.

PIGEONS.

1° Y a-t-il des règlements municipaux sur les pigeons?

2° Pendant quel temps les pigeons doivent-ils être renfermés?

———

1° Y a-t-il des règlements municipaux sur les pigeons?

Il n'existe de règlement municipal que dans les cantons de Réalmont et de Salvagnac; ils prescrivent la fermeture des pigeonniers à l'époque des semailles et de la moisson durant la maturité des grains.

2° Pendant quel temps les pigeons doivent-ils être renfermés?

Dans les cantons d'Albi et de Valdériés, les pigeons sont renfermés du 15 mars au 15 mai et du 15 octobre au 15 novembre; à Alban, lors des semailles du chanvre; à Pampelonne et à Puylaurens, on les enferme à l'époque des semailles.

Pas d'usage pour les autres cantons.

———

11

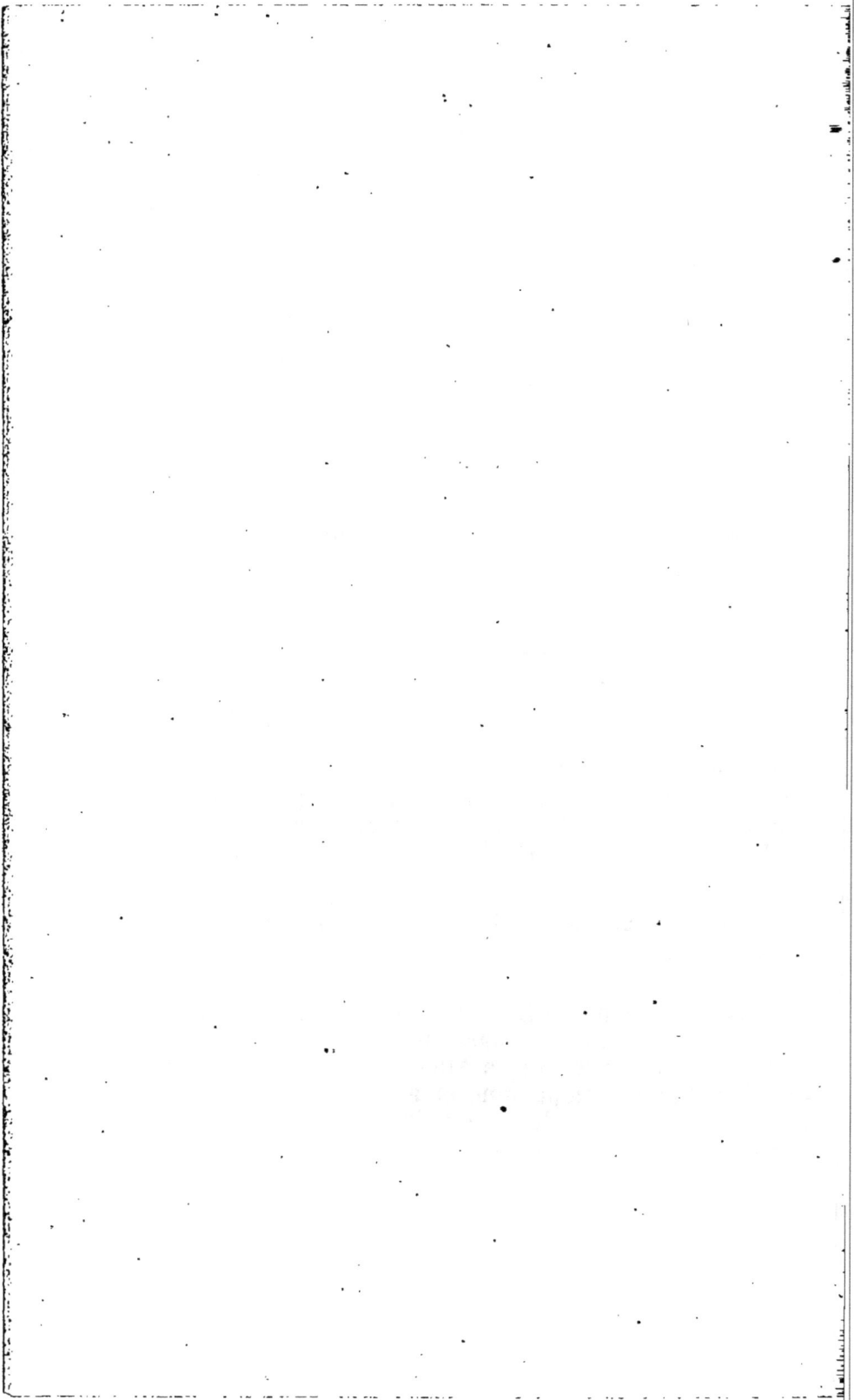

CHAPITRE XVI.

PLANTATION D'ARBRES.

1°. Existe-t-il un règlement local qui fixe la distance nécessaire pour les plantations :

> Des arbres de haute tige ?
>
> Des arbres à basse tige ?
>
> Des haies ?
>
> Des souches de vigne ?
>
> Quel est ce règlement ?

2° A défaut de règlement, quel est l'usage à cet égard ?

3° Quelle distance est exigée lorsque la plantation a lieu :

> Le long d'un mur mitoyen ?
>
> Sur le bord d'un ruisseau ?
>
> Le long d'un mur non mitoyen ?
>
> Sur le bord d'un chemin ?

4° Quelle distance est exigée lorsque les deux propriétés sont en nature de bois ?

5° Lorsqu'un arbre planté à une certaine distance non légale meurt ou est coupé, et qu'il repousse, le nouvel arbre peut-il être conservé ?

6· L'usage permet-il de remplacer l'arbre mort ou coupé, quoique non planté à la distance légale?

7· L'usage permet-il de remplacer l'arbre mort ou arraché dans une allée non plantée à une distance légale?

1° Existe-t-il un règlement local qui fixe la distance nécessaire pour les plantations :

     Des arbres de haute tige?

     Des arbres à basse tige?

     Des haies?

     Des souches de vigne?

     Quel est ce règlement?

2° A défaut de règlement, quel est l'usage à cet égard?

Il existe des règlements suivis dans quelques cantons : à Albi, d'après un règlement de 1288 longtemps appliqué, les distances variaient suivant leurs espèces; les pruniers se plantaient à deux mètres de distance; les poiriers, à deux mètres quarante; les cerisiers, à deux mètres quatre-vingts; les noyers, à quatre mètres quarante; les figuiers, à deux mètres quatre-vingts; les châtaigniers, à six mètres; les chênes, à six mètres; les souches, à cinquante centimètres; les bordures de treillage, espaliers, à deux mètres quatre-vingts; depuis plusieurs années, on se conforme au Code.

A Monestiés, il y a un règlement pour la commune de Montirat. Dans tout le reste du canton, ainsi que dans les cantons de Valence et Villefranche, on suit le règlement de l'ancienne province du Languedoc de 1728, savoir : pommiers, huit empans; pruniers, dix; cerisiers, douze; noyers, dix-huit; châtaigniers et chênes, vingt-quatre; vignes, deux;

double haie vive de buisson, deux pieds (l'empan égale vingt-deux centimètres trente-quatre millimètres; le pied égale, un empan et demi); à Pampelonne, il n'y a pas de règlement; les usages sont les suivants : châtaigniers, six mètres ; chênes, idem; noyers, quatre mètres cinquante; cerisiers, trois mètres cinquante ; pommiers, trois mètres ; pruniers, deux mètres; souches, cinquante centimètres ; haies, cinquante centimètre avec un fossé d'un mètre; à Valdériés, pas de règlement; l'usage est le suivant : pruniers, un mètre quatre-vingts; pommiers, deux mètres vingt-cinq; cerisiers, deux mètres soixante-dix ; poiriers, trente-sept centimètres; noyers, quatre mètres cinq; chênes, cinq mètres quarante; châtaigniers, cinq mètres quarante; souches de vigne, quarante-cinq centimètres; la haie vive, quarante-cinq centimètres ; pour les autres arbres, on se conforme aux règles fixées par le Code; à Lautrec, pas de règlement; l'usage est le suivant : arbres à haute tige, deux mètres; à basse tige, cinquante centimètres; haies, trois mètres cinquante; souches de vigne, quatre mètres cinquante ; à Salvagnac, pas de règlement; l'usage est : deux mètres pour les arbres de haute tige; cinquante centimètres pour les autres; à Graulhet, l'usage est le suivant : arbres de haute tige, deux mètres; arbres à basse tige, un mètre; les haies et les souches, cinquante centimètres; à St-Paul, les arbres à haute tige se plantent à deux mètres de distance de la ligne divisoire, et les arbres à basse tige ou arbustes, à quatre-vingt-dix centimètres; dans tous les autres cantons, il n'existe ni règlement, ni usage; on s'en tient aux prescriptions du Code civil.

3° Quelle distance est exigée lorsque la plantation a lieu ;

Le long d'un mur mitoyen ?

Sur le bord d'un ruisseau ?

Le long d'un mur non mitoyen ?

Sur le bord d'un chemin ?

4° Quelle distance est exigée lorsque les deux propriétés sont en nature de bois ?

A Albi, l'ancienne distance est exigée lorsque la plantation a lieu, dans tous les cas ; à Alban, la distance légale à partir du milieu du mur mitoyen, et pour un mur non mitoyen la distance légale mur compris ; à la distance légale dans les autres cas, même entre deux bois ; à Monestiés, le long du mur mitoyen, distance légale à partir de la moitié du mur ; pour les murs non mitoyens, distance fixée par le règlement ci-dessus visé ; sur le bord d'un chemin, distance légale ; pas d'usage entre deux bois ; à Réalmont, aucune distance pour les arbres à basse tige, sans pouvoir rien attacher au mur mitoyen, chacun les plante sur son bord aussi près de l'eau que possible, sur le bord du champ, le long du chemin ; le long du mur non mitoyen, pas de distance ; aucune entre deux bois ; à Lautrec, le cep de vigne se plante le long du mur mitoyen ; sur le bord du chemin ou d'un bois, à deux mètres ; à Vabre, à cinquanie centimètres d'un mur mitoyen ou non mitoyen ; à Gaillac, à trente-trois centimètres du mur mitoyen et cinquante centimètres du mur non mitoyen, à deux mètres du bord d'un chemin ; pas de distance pour les bords du chemin ou entre les bois ; à Lisle, à vingt-cinq centimètres du mur mitoyen ou non mitoyen, sur le bord extrême du ruisseau, sur le bord du chemin et des bois ; à Rabastens, à la distance entre deux propriétés nature de bois, un mètre 90 centimètres ; à Lavaur, à deux empans du mur mitoyen ou non mitoyen ; sur le bord d'un ruisseau, pourvu qu'ils

ne gênent pas la circulation de l'eau ; sur le bord
du chemin ; pas de distance entre deux propriétés
boisées ; à Cuq-Toulza, à cinquante centimètres du
mur non mitoyen, à un mètre lorsque les propriétés
sont en nature de bois ; à Saint-Paul et Graulhet,
la distance est d'usage dans le pays à partir de la
moitié du mur mitoyen et à partir du parement intérieur du mur non mitoyen ; pour les ruisseaux, à
partir du milieu du lit.

Pas d'usage dans tous les autres cantons.

5° Lorsqu'un arbre planté à une certaine distance non
légale meurt ou est coupé, et qu'il repousse, le nouvel
arbre peut-il être conservé ?

6° L'usage permet-il de remplacer l'arbre mort ou
coupé, quoique non planté à la distance légale ?

7° L'usage permet-il de remplacer l'arbre mort ou
arraché dans une allée non plantée à une distance légale ?

Ces questions sont tranchées par la négative, dans
les cantons d'Alban, Pampelonne, Réalmont, Valdériés, Valence, Villefranche, Brassac, Labruguière,
Mazamet, Vabre, Gaillac, Cadalen, Cordes, Montmiral, Rabastens, Salvagnac, Cuq-Toulza, Graulhet ;
pour l'affirmative, dans les cantons de Dourgne
et Puylaurens ; à Albi, pour l'affirmative, quant
à la cinquième et septième questions ; pour la négative, quant à la sixième ; à Lacaune, Lautrec,
Murat, Lavaur, oui, pour la septième question, la
prescription est acquise pour le premier arbre ; à
Lautrec, réponse affirmative pour la cinquième
question.

Pas d'usage dans les autres cantons.

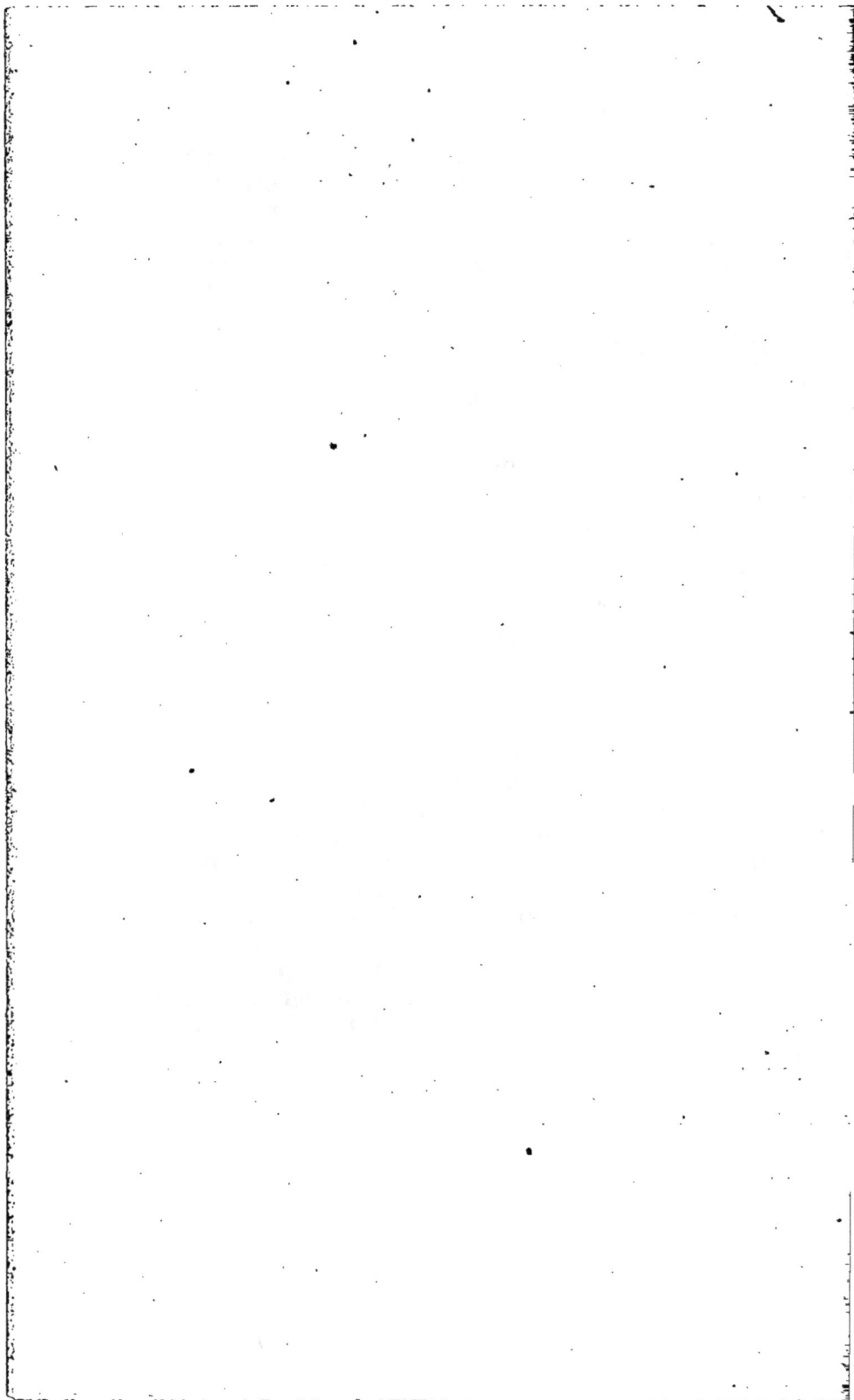

CHAPITRE XVII.

SERVITUDES.

1° La servitude de tour d'échelle est-elle reconnue et pratiquée ?

2° Existe-t-il un règlement pour :
   Le creusement des puits près d'un mur mitoyen ?
   Le creusement des fosses d'aisance ?
   La construction d'une cheminée, âtre, four, fourneau ?
   L'adossement d'une étable ?
   L'établissement d'un magasin de sel ou amas de matières corrosives ?
   Quel est ce règlement ?

3° A défaut de règlement, quel est l'usage ?

4° A quelle distance des bâtiments doivent être placés :
   Les meules de paille et de fourrage ?
   Les bûchers ?
   Les meules de fagots et genêts ?

5° Peut-on aller ramasser sur la propriété voisine les fruits qui y sont tombés ou qui y ont roulé ?
   Y a-t-il lieu à indemnité ?

6° Le propriétaire du fonds sur lequel s'étendent les branches d'un arbre fruitier appartenant au voisin peut-il cueillir les fruits ?

1° La servitude de tour d'échelle est-elle reconnue et pratiquée ?

La servitude de tour d'échelle est reconnue et pratiquée dans de nombreux cantons. Elle n'existe à Réalmont, Valence, Roquecourbe, Lavaur, Graulhet, que moyennant indemnité; à Dourgne, on prend l'autorisation du juge de paix; dans les cantons d'Alban, Monestiés, Labruguière, Mazamet, Vabre, Vielmur, Cadalen, Cordes, Lisle, Montmiral, Rabastens, Puylaurens, elle n'est pas reconnue.

2° Existe-t-il un règlement pour :
    Le creusement des fosses d'aisance ?
    La construction d'une cheminée, âtre, four, fourneau ?
    L'adossement d'une étable ?
    L'établissement d'un magasin de sel ou amas de matières corrosives ?
    Quel est ce règlement ?

Il n'existe dans le département aucun règlement pour : 1° le creusement des puits près d'un mur mitoyen; 2° le creusement des fosses d'aisance; 3° la construction d'une cheminée, âtre, four, fourneau; 4° l'adossement d'une étable; 5° l'établissement d'un magasin de sel ou amas de matières corrosives; néanmoins, à Valence, la coutume de Paris sert de règlement; à Lautrec, on laisse deux mètres de distance; à Graulhet, douze centimètres.

3° A défaut de règlement, quel est l'usage ?

A défaut de règlement, il n'est pas constaté d'usage dans de nombreux cantons ; à Alban, Labruguière, Roquecourbe, l'usage est de suivre la coutume de Paris ; dans les cantons suivants, un usage particulier est adopté : ainsi, à Albi, on laisse un contre-mur de vingt centimètres d'épaisseur pour les étables, les forges, les fosses ou les fours, et on pratique les cheminées dans l'épaisseur des murs mitoyens. — L'épaisseur du contre-mur est de vingt-cinq centimètres, à Valdériés, Pampelonne et Castres ; on fait pour les fosses, cheminées, âtres et fours, un contre-mur de un pied d'épaisseur. — A Mazamet, les cheminées se construisent et les fumiers se déposent près des murs mitoyens ; si l'on construit une forge, four ou fourneau près d'un mur, on laisse vingt centimètres entre le mur et la construction nouvelle ; il en est de même lorsqu'on fait creuser un puits et une fosse d'aisance ; cette dernière est toutefois revêtue d'un mur de béton de vingt centimètres d'épaisseur. — A Gaillac, on fait un contre-mur de trente-trois centimètres d'épaisseur pour un puits ou une fosse d'aisance, et, pour la construction d'un four ou fourneau, on laisse un intervalle de seize centimètres ; cet intervalle est porté à vingt-trois centimètres pour une étable et à trente-trois centimètres pour un magasin de sel. — A Lisle, on fait, pour les fosses, un contre-mur de vingt-cinq centimètres ; pour les cheminées, un contre-mur de la même épaisseur, si l'on se trouve en face de murs construits en pans de bois, et une cloison dans les autres cas ; pour les étables, on construit une cloison jusqu'à hauteur d'un mètre ; pour les fours, on laisse un vide de vingt à vingt-cinq centimètres. — A Lisle, on fait un contre-mur de trente centimètres d'épaisseur pour les fours et cheminées, et de un mètre pour les puits. — A Lavaur, le contre-mur exigé pour les fosses d'aisance est de vingt centimètres; il est de trente centimètres pour une étable ou une cheminée.

4° A quelle distance des bâtiments doivent être placés :
    Les meules de paille et de fourrage ?
    Les bûchers ?
    Les meules de fagots et genêts ?

Dans le plus grand nombre de cantons, on n'a pas fixé les distances auxquelles doivent être placées : 1° les meules de paille et de fourrage; 2° les bûchers; 3° les meules de fagots et genêts; toutefois, ces distances sont fixées, pour les meules de paille, à quinze mètres, à Alban; trente mètres, à Villefranche; six mètres, à Montmiral; dix mètres, à Rabastens; vingt mètres, à Salvagnac et Puylaurens; à Gaillac, la meule de paille se place généralement à vingt-cinq mètres, mais il n'y a rien de fixe. — Quant aux bûchers, on les place à quinze mètres, à Alban; dix mètres, à Villefranche; quatre mètres, à Montmiral; dix mètres, à Rabastens; vingt mètres, à Salvagnac et Puylaurens. — Les meules de fagots se posent : à quinze mètres, à Alban, trente mètres, à Villefranche, six mètres, à Montmiral; dix mètres, à Rabastens; vingt mètres, à Salvagnac et Puylaurens.

5° Peut-on aller ramasser sur la propriété voisine les fruits qui y sont tombés ou qui y ont roulé ?
    Y a-t-il lieu à indemité ?

Dans tout le département, on peut aller ramasser sur la propriété du voisin les fruits qui y sont tombés ou qui y ont roulé.

Dans la plupart des cantons, il y a lieu à indemnité en cas de dommages. Dans les cantons de Dourgne, Montredon, Murat, St-Amans, Cadalen, Cordes, Montmiral, il n'y a pas lieu à indemnité, à moins de circonstances tout à fait particulières.

6° Le propriétaire du fonds sur lequel s'étendent les branches d'un arbre fruitier appartenant au voisin peut-il cueillir les fruits ?

Dans la généralité du département, le propriétaire du fond sur lequel s'étendent les branches d'un arbre fruitier appartenant au voisin ne peut cueillir les fruits, et son droit se borne à faire couper les branches qui empiétent sur sa propriété. Néanmoins, à Alban, le propriétaire dont il s'agit cueille les fruits moyennant indemnité ; à Gaillac, il les cueille sans indemnité ; à Montmiral, si les fruits tombent ils deviennent la propriété de celui sur le fonds duquel il tombe ; à Castres seulement, il n'existe pas d'usage.

CHAPITRE XVIII.

USUFRUIT.

1° Quel est l'usage pour le remplacement, par l'usufruitier, des arbres de pépinière dont parle l'article 590 du Code civil ?

2° Se sert-on d'échalas pour la vigne ?
De quel bois les fait-on, et à quelle saison ?

3° Quels sont, d'après l'usage, les fruits des arbres annuels ou périodiques que peut prendre l'usufruitier, aux termes de l'article 593 du Code civil ?

———

1° Quel est l'usage pour le remplacement, par l'usufruitier, des arbres de pépinière dont parle l'article 590 du Code civil ?

Il n'existe aucun usage dans le département, si ce n'est à Rabastens, où l'usufruitier remplace les arbres enlevés par un égal nombre de sujets nouveaux.

2° Se sert-on d'échalas pour les vignes ?

De quel bois les fait-on, et à quelle saison ?

L'usage des échalas n'est pas général dans le
département. On s'en sert à Lisle; on s'en sert
également pour les jeunes plants, à Alban et Lavaur;
on s'en sert aussi pour les provins, à Albi, Valence,
Villefranche, Dourgne, Roquecourbe, Gaillac, Cordes, Montmiral.

C'est pendant l'hiver que l'on confectionne les
échalas. Ils sont le plus souvent confectionnés avec
du châtaignier et du buis, et quelquefois avec du
chêne, du saule, du houx ou de l'aulne.

3° Quels sont, d'après l'usage, les fruits des arbres
annuels ou périodiques que peut prendre l'usufruitier,
aux termes de l'article 593 du Code civil !

L'usufruitier a, d'après les usages, un droit très-
étendu dans le département. Les plus importants
consistent dans l'émondage des taillis et le droit d'y
faire paître les bestiaux. Il a aussi le droit de
couper périodiquement, et sans qu'il y ait de règle
fixe à cet égard, les haies, les oseraies, les branches
de saule pour cerceaux. Il peut aussi ramasser les
feuilles sèches.

CHAPITRE XIX.

VENTE DE BESTIAUX.

1° Comment se constatent les ventes de bestiaux ?

2° La vente d'une paire de bœufs, vaches, mules, comprend-elle la vente des puigs ou jougs, liens, colliers et sonnettes ?

3° Lorsqu'on a vendu comme étant pleine une vache, une jument, une ânesse ou une truie, et qu'il est reconnu plus tard qu'elles ne le sont pas, quelle indemnité doit le vendeur pour la vache, pour la jument, pour l'ânesse, pour la truie ?

––––––

1° Comment se constatent les ventes de bestiaux ?

Les ventes se constatent avec les bouchers ou commerçants par la marque aux ciseaux, par des arrhes ou par la livraison ; on les constate aussi par témoins.

12

2° La vente d'une paire de bœufs, vaches, mules, comprend-elle la vente des puigs ou jougs, liens, colliers et sonnettes ?

La vente ne comprend pas les jougs, liens, colliers et sonnettes dans les cantons d'Alban, Monestiés, Dourgne, Lautrec, Gaillac, Montmiral, Rabastens, Salvagnac, Vaour, Cuq-Toulza ; elle comprend le joug et les liens pour les vaches ou les bœufs, dans les cantons d'Albi, Pampelonne, Valdériés, Valence, Villefranche, Castres, Mazamet, Montredon, Roquecourbe, St-Amans-Soult, Vabre, Vielmur, Cadalen, Graulhet ; le licol ou corde est exigé pour les mules ou chevaux dans ces cantons ; les colliers garnis de peau de blaireau et de sonnettes ne sont pas compris dans la vente, sauf à Lacaune ; au même lieu et à Murat, la vente comprend, en foire, les jougs et les liens ; à Cordes et à Lisle, le vendeur doit fournir seulement une corde pour chaque animal ; le tout sauf les conventions contraires.

3° Lorsqu'on a vendu comme étant pleine une vache, une jument, une ânesse ou une truie, et qu'il est reconnu plus tard qu'elles ne le sont pas, quelle indemnité doit le vendeur pour la vache, pour la jument, pour l'ânesse, pour la truie ?

Aucun usage n'existe, quant à l'indemnité due au vendeur pour les animaux vendus comme en état de gestation, dans les cantons de Monestiés, de Pampelonne, de Labruguière, de Vabre, de Cadalen ; pour la vache seulement, à savoir : le dixième du prix à Castres ; de 12 à 24 fr, à Anglés, suivant le prix de la vache, se règle suivant la valeur de l'animal, à Brassac; de 10 à 30 fr., suivant la valeur et l'époque où l'animal aurait du vêler, à Lacaune et Murat; de 12 fr., à Montredon et St-Amans-Soult; de 10 fr., à Cordes; à Albi, l'indemnité est, pour la vache, 10 fr.; pour la jument, 50 fr.; l'ânesse, 5 fr.; la truie, 30 fr.; à Alban, 10 fr., 20 fr., 10 fr., 5 fr.; à Réalmont, 12 fr., 50 fr., 10 fr., 12 fr.; à Valdériès, 10 fr., 25 fr., 5 fr., 5 fr.; à Valence, 10 fr., 15 fr., 5 fr., 3 fr.; à Villefranche, 10 fr., 20 fr., 10 fr., 10 fr.; à Dourgne, pour une vache de 75 à 100 fr., 2 fr. 50 c. par mois; de 100 à 125 fr., 3 fr. par mois; de 125 à 150 fr., 3 fr. 50 c. par mois, ainsi de suite en augmentant l'indemnité de 50 c. par 25 fr.; à Mazamet, 12 fr., 50 fr., 12 fr., 12 fr.; à Montredon, 12 fr. pour une vache, 6 fr, pour un cochon; à Vielmur, 1 fr. par 10 fr., 20 fr., 10 fr., 1 fr. par 10 fr.; à Gaillac, 25 fr., 50 fr., 15 fr., 20 fr.; à Lisle, 15 fr. en général, de 10 à 20 fr., suivant la vache vendue, 50 fr. en général, de 20 à 60 fr., suivant la valeur probable du produit, de 10 à 30 fr. Pas d'usage pour la truie, mais principe de l'indemnité admis; à Montmiral, de 10 à 15 fr., de 40 à 60 fr., de 5 à 10 fr., de 30 à 40 fr.; à Rabastens, de 10 p. % sur le prix de la vente, 15 p. %, 15 p. %; pas d'usage pour la truie; à Salvagnac, le dixième du prix de la vente pour la vache, le cinquième pour la jument, la moitié du prix de l'achat pour la truie; à Vaour, 10 fr., 30 fr., 8 fr., 12 fr.; à Lavaur, 15 fr., 20 ou 25 fr., selon que la paire vaut 200, 300 ou 400 fr., 50 fr., 15 fr., 15 fr.; à Cuq-Toulza, un dixième du prix de la vache, 20 fr. si garantie pleine du cheval, 30 fr. si garantie pleine du baudet, 10 fr., 10 fr.; à Graulhet, pour une vache de 140 fr. et au-dessous, 5 fr.; de ce prix à 170 fr., 6 fr.; dans un prix plus élevé, 7 fr. 50 c.; pour jument d'un bas prix, 50 fr.; pour les autres, l'indemnité est fixée par experts; pour les ânesses d'un bas prix, de 5 à 8 fr.; pour les autres, jusqu'à 15 fr.; pour la truie, par experts; à Puy-laurens, le dixième du prix de la vache de 100 fr. et au-dessus, mais en tout cas 10 fr. si la vache est au-dessous de 100 fr.; la jument pleine du baudet, 15 fr. pour chaque 100 fr.; du cheval, 10 fr. p. %; à St-Paul, pour la vache, 15 fr.; pour la jument, 30 fr. pleine du cheval, 50 fr. pleine du baudet.

CHAPITRE XX.

VILLES ET CAMPAGNES.

Quelles sont, dans les cantons, les agglomérations d'habitants que l'on considère comme *villes*, dans le sens des articles 663 et 674 du Code civil ?

Quelles sont dans les cantons les agglomérations d'habitants que l'on considère comme *villes*, dans le sens des articles 663 et 674 du Code civil ?

Tous les chefs-lieux de canton peuvent être considérés comme villes au point de vue de l'article 663 du Code civil. On doit ajouter dans ce nombre Carmaux, Lafenasse, Mezens, Montirat, Moularés, St-Sulpice et Sorèze.

Toutes les agglomérations de maisons, villes, villages, hameaux, doivent être soumises aux obligations énumérées dans l'article 674.

CHAPITRE XXI.

USAGES DIVERS.

1° Quelles foires et quels marchés se tiennent dans le canton ?

2° Quels sont les lieux accoutumés pour l'apposition des affiches administratives et judiciaires ?

3° L'usage autorise-t-il :

Le glanage ?

Le râtelage ?

Le grapillage ?

4° Sur quelles récoltes et sur quels fruits sont-ils admis ?

5° A quelle époque ont-ils lieu, et comment sont-ils réglés ?

6° L'usage des anciennes mesures s'est-il conservé ?

Quelles sont celles encore employées ?

7° La vente d'une barrique de vin comprend-elle celle de la futaille ?

8° Quelle est la contenance métrique :

De la barrique ?

De la comporte ?

De la charretée de bois ?

De la charretée de fourrage ?

De la charretée de paille ?

De la charretée de fumier ?

9° La vente d'un domaine comprend-elle :

Les bêtes à laine ?

Les chèvres ?

Les porcs ?

Les volailles ?

10° Le pavage des rues est-il à la charge des riverains, ou à la charge de la commune ?

————

1° Quelles foires et quels marchés se tiennent dans le canton ?

FOIRES ET MARCHÉS

DU DÉPARTEMENT DU TARN.

Nota. — Les foires qui tombent un jour de fête sont renvoyées au lendemain.

Marchés.

Albi, les mardi et samedi de chaque semaine (marchés-foires, le premier samedi de chaque mois).
Brassac, le 2ᵉ et le 4ᵉ vendredi de chaque mois.
Carmaux, le vendredi (marchés-foires le vendredi qui suit le 10 de chaque mois).
Castres, les mardi, jeudi et samedi (marchés-foires, le 1ᵉʳ samedi de chaque mois).
Cordes, le samedi.
Dourgne, le lundi.

Gaillac, le vendredi.
Graulhet, le jeudi.
Lacaune, le 1ᵉʳ et le 2ᵉ lundi de chaque mois.
Lavaur, le samedi.
Lisle, le lundi.
Saint-Paul, le mardi.
Puylaurens, le mercredi.
Rabastens, le samedi.
Réalmont, le mercredi.
Salvagnac, le mercredi.
St-Amans-Soult, le lundi.
Verdalle, le lundi.
Vielmur, le vendredi.

Foires variables.

Albi, 4ᵉ mercredi de carême.
Brens, le lundi après le 6 sept.
Briatexte, 1ᵉʳ mardi de juin, 1ᵉʳ mardi d'octobre.
Cammazes (Les), dernier jeudi du mois de juillet.
Carmaux, mardi après Quasimodo, lundi après le 21 août.
Castelnau-de-Montmiral, lundi de Quasimodo

Castres, 1ᵉʳ jeudi de carême.
Cordes, 2ᵉ samedi de janvier, jeudi après Pâques, 1ᵉʳ samedi d'octobre.
Dourgne, 1ᵉʳ lundi de carême, 1ᵉʳ jeudi d'avril, juin et octob.
Escoussens, la veille des Rameaux.
Fraïsse (Le), jeudi avant le jeudi gras.

Gaillac, vendredi après les Rois, mercredi qui suit la mi-carême.

Graulhet, jeudi av. la St-Jean.

Guitalens, le lundi qui précède le mercredi des Cendres.

Labruguière, lundi de Pâques.

Lacabarède. (section de Salles), le 1er lundi apr. le 8 septemb.

Lagardeviaur, lundi de Quasimodo.

Lasgraïsses, lundi après l'Epiphanie.

Lautrec, vendredi avant les Rameaux, vendr. av. la Noël.

Lavaur, samedi après le 4 février. samedi avant la Toussaint, samedi av. la St-Jean.

Lisle, 1er jeudi de carême, jeudi après Quasimodo.

Massals, lundi de Pentecôte.

Moularès, mercredi après la Pentecôte.

Mouzieys, mardi de Pâques.

Noailles, lundi de la Passion.

Orban, lundi de Pentecôte.

Padiés, 1er jour de carême, la veille des Rameaux.

Parisot, mercredi saint.

Penne, jeudi avant le carême.

Puycelci, lundi après le 14 septembre.

Puylaurens, mardi avant les Rameaux.

Réalmont, mercredi avant les Rameaux, mercredi avant la St-Jean, mercredi après le 14 septembre, mercredi av. la Noël.

St-Amans-Soult, le 1er lundi du mois de janvier.

St-Amans-Valloret, mardi de Pâques.

St-Jean (Paulin), mercredi après Pâques.

St-Lieux-Lafenasse, mercredi après Pâques.

St-Sulpice, lundi de Pentecôte.

St-Paul, les 2es mardis des mois de mai, août et novembre.

Saïx, jeudi après Quasimodo. 3e samedi de septembre.

Salvagnac, mardi de Pâques, lundi après la St-Martin.

Técou, mardi après le 2 juin.

Vabre, le mardi saint.

Valence, vendredi de la mi-carême.

Venés, lundi avant la Noël. mardi de Pâques.

Verdalle, le lundi saint.

Villefranche, le jeudi après Pâques.

Villeneuve, vend. de la Passion.

Viviers-les-Montagnes, le 1er mardi de novembre.

Foires mensuelles.

Alban, le 4 de chaque mois : celle du 4 février dure deux jours.

Bourgnounac, le 10 de chaque mois, excepté août : celle du 10 janvier dure deux jours.

Lacaune, le 21 de chaque mois.

Mazamet. 1er mardi de chaque mois.

Foire franche.

Castres, le 10 juin (dure 8 jours).

Foires.

COMMUNES.	JANV.	FÉVR.	MARS.	AVRIL.	MAI.	JUIN.	JUILL.	AOUT.	SEPT.	OCT.	NOV.	DÉC.
Alban	4	4	4	4	4	4	4	4	4	4	4	4
Albi	17	..	..	..	13	16	23	..	5	18	23	21
Ambialet	..	..	..	6	6	7	..	..	..	..	..	28
Aiguefonde	..	..	..	..	1	..	..	..	..	..	2	..
Anglés	..	..	..	15	..	30	..	25	..	30	20	..
Arfons	..	..	..	..	..	..	..	13	..	30	..	..
Arthés	6	..	..	..	..	..	..	..	..	..	2	..
Boissezon	..	..	..	..	8	11	22	20	..	..	25	..
Brassac	10	8	15	23	17	16	..	8	30	27	..	1
Brousse	13	..	..	..	14	..	..	20	..	17	..	..
Burlats	..	..	4	..	28	..	20	..	7	..	..	..
Briatexte	..	..	..	4	..	..	..	24	..	..	..	9
Bourgnounac (Mirandol)	10	10	1	10	10	10	10	8	10	10	10	10
			10			22				22		
Carmaux	21	21	..	..	..	..	..	..	..	..	4	4
												18
Castres	..	..	..	28	..	10	..	28	..	..	3	6
Cabannes-et-Barre	..	..	..	..	..	..	3	25	..	..	..	..
Cabannes (Les)	..	12	..	..	..	..	..	..	..	..	..	..
Castelnau-de-Brassac	..	..	..	30	..	..	..	..	..	..	..	13
Cadalen	..	..	..	..	8	..	..	..	..	30	..	..
Cahuzac-sur-Vère	20	..	..	..	..	..	..	16	..	13	..	..
Cordes	..	..	..	..	29	..	..	25	..	25	..	..
Cuq-Toulza	..	..	..	..	..	..	..	..	..	28	..	..
Curvalle	..	..	..	12	..	..	..	..	..	..	..	..
Castelnau-de-Lévis	..	..	..	..	6	..	..	..	..	..	..	..
Denat	15	..	13	..	15	..	..	17	24	..	..	..
Dourgne	..	..	..	..	..	..	..	5	..	..	..	1
Escoussens	13	..	..	..	..	..	..	8	..	18	..	..
Ferrières	..	..	..	12	..	..	..	..	..	..	12	..
Florentin	..	..	..	..	..	2	..	..	..	28	..	..
Fauch	..	..	..	..	8	..	..	..	..	..	..	..
Fraisse (Le) (Ambialet)	..	..	..	22	22	21	..	16	..	..	..	..
Gaillac	..	..	19	..	1	20	..	11	30	..	7	12
Graulhet	..	22	..	..	3	..	..	6	..	..	22	..
Giroussens	..	..	..	..	..	..	..	23	..	..	..	13
Labastide-Gabausse	..	..	19	..	..	11	..	11	..	..	..	..
Lombers	..	3	..	24	..	11	..	..	11	..	..	..
Lagardeviaur (Montirat)	25	..	..	..	..	11	..	..	..	21	..	..
Labastide-Rouairoux	..	..	..	1	..	25	..	..	20	..	..	8

COMMUNES.	JANV.	FÉVR.	MARS.	AVRIL.	MAI.	JUIN.	JUILL.	AOUT.	SEPT.	OCT.	NOV.	DÉC.
Labruguière	..	..	..	..	30	..	..	..	1	..	29	..
Lacabarède	..	..	..	..	..	..	26	..	..	4	..	..
Lacaze	..	10	..	25	20	..	..	20	9	15	..	..
Lacrouzette	..	15	..	..	12	..	..	16	..	..	19	..
Lamontelarié	..	..	..	27	..	..	..	..	..	..	..	..
Lautrec	22	24	..	..	24	30	..	2	6	28	24	..
Les Cammazes	..	..	..	..	..	..	..	12	..	24	..	..
Labastide-de-Lévis	..	1	..	10	..	..	..	17	..	..	..	11
Labessière-Candeil	..	3	..	..	4	25	..	..	..	..	..	28
Labessonnié (Montredon)	8	14	12	..	6	..	..	1	..	..	23	..
Lavaur	..	..	..	..	6	..	..	..	9	..	..	18
Lisle	22	..	..	..	11	..	28	..	20	30	..	
Lasgraïsses	..	..	..	25	..	14	..	30	..	..	..	13
La Condomine (Ambialet)	..	..	..	..	17	..	..	..	..	..	..	..
Larroque	..	..	..	18	18	18	..	..	..	..	18	..
Le Verdier	..	..	..	..	..	..	..	..	..	..	30	..
Marssac	..	26	..	9	..	..	..	..	3	..	..	..
Montirat	17	..	..	..	2	13	..	20	..	21	2	..
Monestiés	3	3	21	23	18	6	16	28	27	9	20	9
		27				30				29		
Moularés	13	..	12	28	..	..	..	16	..	..	..	23
Mouzieys-Teulet	..	8	..	..	27	..	14	..	..	..	3	..
Mouzieys-Panens	..	8	..	..	..	..	..	..	..	..	..	8
Massals	..	..	..	..	18	..	..	..	11	..	..	..
Masnau (Massuguiés)	..	20	..	..	15	..	..	..	20	..	9	..
Mazamet	..	24	..	..	15	..	..	..	10	1	11	..
Montdragon	7	..	22	..	16	..	26	31	..	4	..	..
Murat	..	..	..	..	8	11	22	29	18	..	..	..
Milhars	4	..	..	22	..	..	..	..	..	1	..	..
Montans	..	..	..	..	25	..	..	..	..	..	2	..
Montmiral	26	15	15	..	20	9	10	1	11	15	22	29
Montcouyoul	..	..	..	..	..	3	..	..	..	..	..	..
Mezens	..	..	..	..	..	..	..	..	4	..	..	..
Noailles	7	..	..	..	15	..	..	..	10	..	..	10
Orban	14	..	..	15	..	..	..	20	..	..	..	..
Pont-de-Cirou (Mirandol)	15	..	..	..	22	..	22	..	3	25	..	..
Padiès	..	..	..	..	..	..	24	..	..	..	..	6
Pampelonne	6	6	6	6	4	4	6	6	6	..	6	13
— (Sect. de Teillet)	..	..	15	..	27	..	..	..	..	..	..	..
Pont-de-Larn	..	..	..	..	10	..	..	..	11	25	..	..
Penne	..	..	..	6	6	6	..	..	..	30	..	..
Puycelci	15	..	..	..	12	..	..	..	16	..	..	13
Puylaurens	..	..	..	..	25	..	..	26	..	21	..	13
Parisot	..	..	..	..	..	..	..	..	..	..	11	..

COMMUNES.	JANV.	FÉVR.	MARS.	AVRIL.	MAI.	JUIN.	JUILL.	AOUT.	SEPT.	OCT.	NOV.	DÉC.
Réalmont		12			1			11			11	
Rialet (Le)								24				
Roquecourbe			1		5					5		15
Rabastens		3		23		7	25				4	
Rouairoux				5								
Rosières												31
Ségur (Le)	1				1				25			
Sérénac				5	1							2
Salles					24						13	
Saïx												8
Sénégats-et-Trivisi		25	30		30		2			22		20
Sorèze				25						4		
Soual	17			28		14	26		11		17	
Salvagnac	17				22			22		28		
St-Amans-Soult						1			6			
St-Amans-Valtoret										18		
St-Antonin-Lacalm			5	5								
Saint-Jean (Paulin)					14	25						
Saint-Paul	26											
Saint-Juéry		19			16			16			16	
Saint-Lieux-Lafenasse			21		16			17		25		
Saint-Sulpice			21						21			21
Saint-Urcisse					3							
Sainte-Gemme					16							26
Tanus			17							14		
Trébas		26		15		11				22		22
Terre-Clapier			15	10	9	6						
Teillet	24				24		24					
Tonnac		17			17							
Valdériés	25			25				1		13		
Valence	22	16		14	12	25	15	22	16	15	5	15
Vaour				3	3	3					2	3
Villefranche	7	7	19	18			29	18	10 / 26	24	30	17
Villeneuve		25				1			1			1
Vabre	15					20			16		28	
Venés								24		6		
Verdalle	22					23					11	
Viane				10		6				6	29	17
Vielmur	20			25	24			16			2	
Viviers				30				14				

2° Quels sont les lieux accoutumés pour l'apposition des affiches administratives et judiciaires ?

Dans les chefs-lieux d'arrondissement, à la porte principale de l'hôtel de ville et du palais de justice; dans les autres cantons, aux portes des mairies et des églises, ou, a défaut de mairie, à la porte de la maison d'école ou de l'habitation du maire.

3° L'usage autorise-t-il :
    Le glanage ?
    Le ràtelage ?
    Le grapillage ?

4° Sur quelles récoltes et sur quels fruits sont-ils admis ?

5° A quelle époque ont-ils lieu, et comment sont-ils réglés ?

L'usage du *glanage* est toléré dans les cantons d'Albi et Vaour ; il est autorisé dans tous les autres cantons.

Le *ràtelage* n'est pas autorisé dans les cantons d'Albi, Alban, Monestiés, Pampelonne, Réalmont, Valdériés, Valence, Villefranche, Montredon, Roquecourbe, Vabre, Cadalen, Lisle, Graulhet ; il est autorisé dans les autres cantons.

Le *grapillage* est autorisé dans tous les cantons où il y a des vignes.

Ils sont admis pour les récoltes de blé et les raisins, dans tous les cantons ; pour les foins, dans les cantons de Castres, Anglés, Brassac, Dourgne, Lacaune, Murat, St-Amans-Soult, Vabre, Cordes, Montmiral, Rabastens, Salvagnac, Vaour, Lavaur,

Cuq-Toulza, Puylaurens ; Gaillac, St-Paul, pour les prairies artificielles seulement ; pour les blés, après la moisson ; pour les raisins, après les vendanges ; mais, partout, après l'enlèvement des récoltes et tant que le soleil est sur l'horizon ; à Labruguière, pour les châtaignes, les noix et les raisins ; pour les pommes de terre, à Lacaune, Mazamet, Murat.

6° L'usage des anciennes mesures s'est-il conservé ? Quelles sont celles encore employées ?

Les nouvelles mesures sont entrées dans les habitudes et dans les mœurs, et sont généralement adoptées ; néanmoins, pour les ventes des immeubles ou parcelles de terre, elles se font, la plupart du temps, à l'ancienne mesure, laquelle est convertie en arcs par le notaire lors de la rédaction de l'acte ; c'est la mesure ancienne de la commune où sont situés les biens qui est prise pour base. Pour les ventes de bois de chauffage, les usages anciens sont conservés dans quelques cantons : à Labruguière, on vend par pile ; à Roquecourbe, par pagelle ; à Cadalen, à l'ancienne mesure ; à Lisle, par canne, qui équivaut à un tas sur un mètre vingt-huit centimètres de longueur, un mètre quatre-vingts centimètres de largeur et une hauteur de quatre-vingt-dix centimètres ; à Lavaur, par bûcher, lequel fait un stère quarante-deux centistères.

7° La vente d'une barrique de vin comprend-elle celle de la futaille ?

La vente d'une barrique de vin ne comprend pas la vente de la futaille, dans tous les cantons du département, sauf les exceptions suivantes : dans l'arrondissement de Gaillac, la futaille est contenue dans la vente, dans le commerce seulement, mais pas vis-à-vis des particuliers, à Gaillac, et Cadalen; à Lisle, quant au vin blanc seulement, non quant au vin rouge, encore avec de nombreuses exceptions dans les deux cas.

8° Quelle est la contenance métrique :

De la barrique ?

De la comporte ?

De la charretée de bois ?

De la charretée de fourrage ?

De la charretée de paille ?

De la charretée de fumier ?

La contenance de la barrique est de 215 litres pour les cantons d'Albi, Pampelonne, Valdériés, Valence, Villefranche; de 200 litres pour les cantons d'Alban, Réalmont, Castres, Anglés, Labruguière, Lacaune, Lautrec, Murat, Roquecourbe, Vabre, Vielmur, Cadalen, Cordes, Vaour, Lavaur, Cuq-Toulza, Graulhet, Puylaurens, St-Paul; de 240, à Monestiés, Mazamet, Montredon; de 200 à 230, à Dourgne; de 225 pour le vin rouge et 200 pour le vin blanc, à Gaillac; de 230 pour le vin rouge et 190 pour le blanc, à Lisle; de 220, à Montmiral; de 228, à Rabastens; de 240, à Salvagnac; pas d'usage à St-Amans-Soult; à Brassac, le vin se vend au poids sans barrique.

La contenance de la comporte est de 170 litres, à Albi; de 68, à Réalmont; de 100, à Villefranche et St-Paul; de 80, à Castres; de 50, à Labruguière; de 70, à Montredon; du tiers de la barrique, qui est de 200 litres, à Roquecourbe; de 100, à Vielmur; de 150, à Gaillac; de 200, à Cadalen; de 190, à

Lisle; de 200, à Salvagnac; de 150, à Lavaur; de 50, à Cuq-Toulza et Puylaurens.

Pas d'usage pour les autres cantons du département.

La charretée de bois est du demi-stère, à Monestiés et Anglés; de un mètre soixante centimètres, à Réalmont; de un stère, à Valence, Villefranche, Castres, Brassac, Dourgne, Cuq-Toulza, Graulhet; de deux mètres cubes, à Labruguière et Lacaune; de deux mètres de long sur un mètre de haut, à Lautrec; de deux stères, à Mazamet, Vabre, Cadalen et Lavaur; de un mètre cube, à Montredon, Vielmur, St-Paul; de deux mètres cubes, à Murat et St-Amans-Soult; de un stère soixante-quatre centistères, à Roquecourbe; de un stère cinquante centistères, à Gaillac; de un stère quatre-vingt-dix centistères, à Lisle; de un stère et demi, à Rabastens, Salvagnac et Vaour; de un stère vingt centistères, à Puylaurens.

Pas d'usage dans les autres cantons.

La charretée de foin ou de paille est de cinq cents kilos dans les cantons d'Albi, Alban, Réalmont, Valdériés, Valence, Villefranche, Lautrec, Mazamet, Montredon, Cadalen, Lisle, Vaour, Graulhet; de quatre cents kilos, à Monestiés et Pampelonne; de huit mètres cubes, à Anglés; de mille kilos, à Dourgne, pour le foin, et de huit cents kilos pour la paille; de mille kilos, à Labruguière, pour l'une et l'autre; de dix mètres cubes, à Lacaune, Murat et Vielmur; de 417 kilos, à Roquecourbe; de neuf mètres cubes, à St-Amans-Soult; de 600 kilos pour le foin et de cinq cents pour la paille, à Gaillac; de quinze mètres cubes, à Rabastens; de six cents kilos pour le foin et de quatre cents kilos pour la paille, à Salvagnac; de cinq à sept cents kilos, à Lavaur; de sept cents kilos, à Cuq-Toulza; de huit cents kilos pour le foin et de 600 kilos pour la paille, à Puylaurens;

13

de un mètre cube pour le foin et de dix quintaux métriques pour la paille, à St-Paul.

Pas d'usage pour les autres cantons.

La charretée de fumier se vend, on ne la pèse pas, elle est en général d'un mètre et demi cube.

9° La vente d'un domaine comprend-elle :

Les bêtes à laine ?

Les chèvres ?

Les porcs ?

Les volailles ?

La vente d'un domaine comprend les bêtes à laine, les porcs, dans les cantons d'Albi, Réalmont, Valdériés, Castres, Anglés, Brassac, Labruguière, Lacaune, Lautrec, Mazamet, Montredon, Murat, Roquecourbe, Saint-Amans-Soult, Vabre, Gaillac, Lisle, Salvagnac, Cuq-Toulza, Graulhet, Puylaurens, St-Paul. Dans tous ces cantons, les chèvres sont aussi comprises lorsqu'il y en a : la vente ne comprend pas les bêtes ci-dessus désignées dans les autres cantons, sauf qu'il n'y a pas d'usage dans les cantons de Pampelonne, Dourgne, Cadalen, Lavaur. Les volailles ne sont pas comprises dans la vente, excepté à Montredon, Cuq-Toulza, Graulhet, Puylaurens ; à Réalmont, la souche seule est exceptée pour le métayer ; pas d'usage à Pampelonne, Dourgne, Cadalen, Lavaur.

10° Le pavage des rues est-il à la charge des riverains, ou à la charge de la commune ?

Le pavage est à la charge de la commune dans tous les cantons. Néanmoins, à Réalmont, Lisle, Rabastens, la largeur de l'égout des toits est à la charge des propriétaires; à Labruguière, la moitié du pavage est à la charge de la commune, l'autre moitié à la charge des particuliers; à Vielmur, Lacaune, Murat, Roquecourbe, il est à la charge des riverains; à Mazamet, le pavage neuf est à la charge des riverains, l'entretien à celle de la commune; à St-Amans-Soult, des riverains et de la commune; à Vabre, des riverains jusqu'au stillicide; à Salvagnac, le pavage des banquettes est, moitié à la charge des propriétaires, moitié par la commune.

Pas d'usage dans les autres cantons.

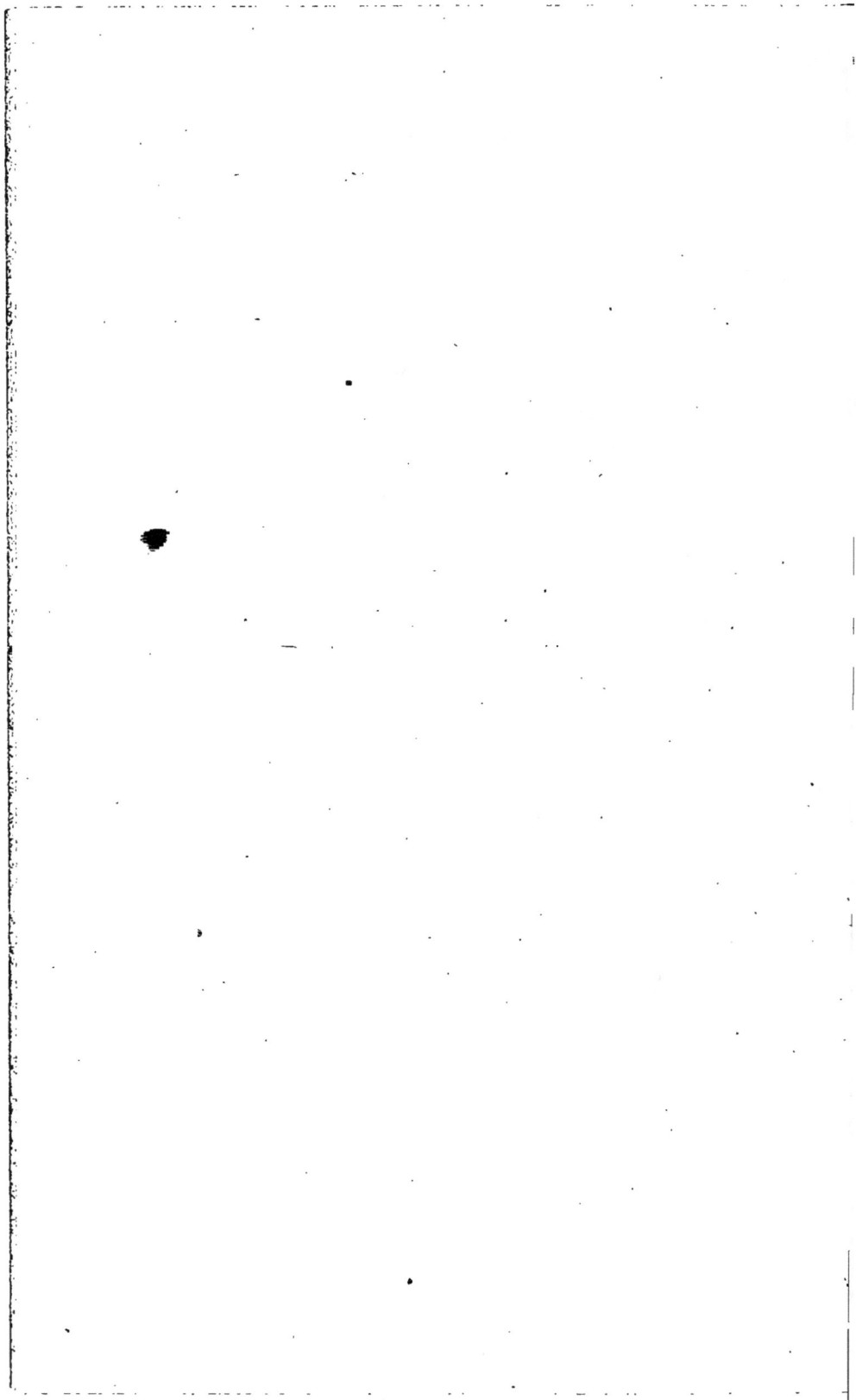

CHAPITRE XXII.

MAINTIEN OU ABROGATION DES USAGES LOCAUX.

Convient-il de conserver les usages existant dans les cantons, ou de les remplacer par des règles générales et uniformes ?

———

Sur les trente-cinq commissions cantonales qui ont eu à se prononcer sur cette question, vingt-huit ont été d'avis qu'il convenait de remplacer les usages existants par des règles générales et uniformes. Les commissions des cantons d'Anglés, Mazamet, Cadalen, Lisle, Salvagnac, Lavaur, Puylaurens pensent qu'ils doivent être conservés et maintenus.

Leur opinion se fonde sur les considérations suivantes : la loi n'a pu ni tout prévoir, ni tout réduire à l'unité, sans tenir aucun compte des climats, des mœurs et des besoins; il fallait donc, pour certaines matières, qu'elle s'en rapportât aux usages et qu'elle les admît pour compléter sa pensée, pour la réglementer ou l'appliquer suivant la nécessité des temps et des lieux.

Les usages ont donc une raison d'être; ils sont nécessaires, ils marchent, se modifiant avec les circonstances à côté de la loi, dont ils sont, de son propre aveu, le complément; s'ils sont remplacés par des règles uniformes, ces règles ressemblent à des lois; à côté d'elles se formeraient inévitablement de nouveaux usages indispensables pour plier l'application de la loi aux nécessités des temps et des lieux dont il n'appartient pas à l'homme de disposer.

Néanmoins, il est des usages qui pourraient être généralisés, et le pouvoir exécutif pourrait compléter, sur certaines matières, nos lois civiles en les soustrayant au domaine de l'usage, de même qu'on le voit tous les jours compléter les lois administratives par des règlements.

Nous estimons que la vérité se rencontre dans cette dernière opinion avec le tempérament qu'elle indique.

TABLE DES MATIÈRES.

CHAPITRE IV.

CHAPITRE V.

CHAPITRE VI.

CHAPITRE VII.

CHAPITRE VIII.

CHAPITRE IX.

CHAPITRE X.

CHAPITRE XI.

CHAPITRE XII.

CHAPITRE XIII.

CHAPITRE XIV.

CHAPITRE XV.

CHAPITRE XVII.

CHAPITRE XVIII.

CHAPITRE XIX.

CHAPITRE XX.

CHAPITRE XXI.

CHAPITRE XXII.

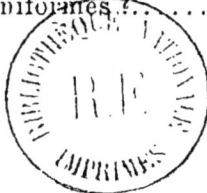

Albi. — Imp. Ernest DESRUE.

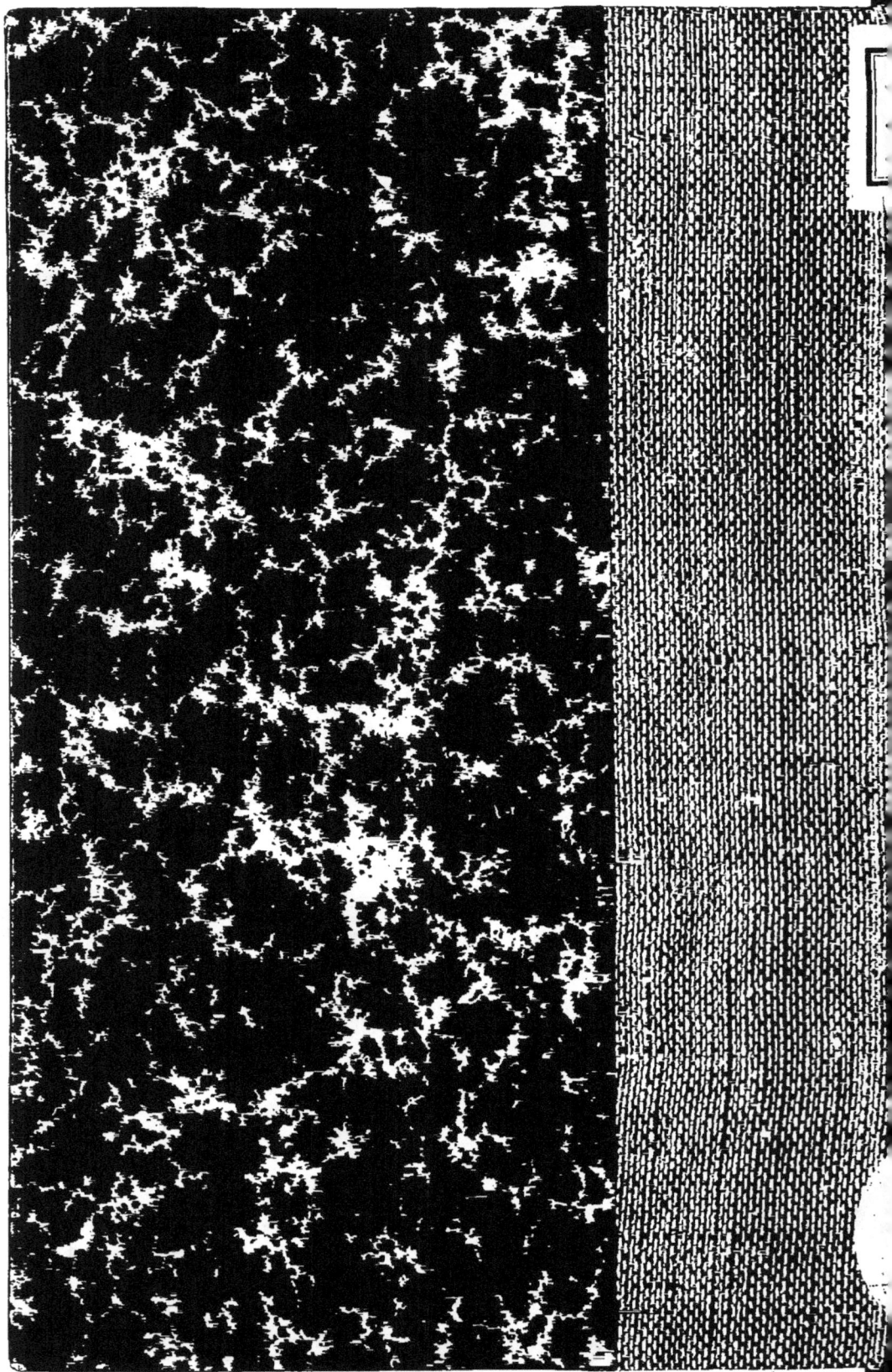

www.ingramcontent.com/pod-product-compliance
Lightning Source LLC
Chambersburg PA
CBHW071650200326
41519CB00012BA/2461